醒醒吧！

太平天國根本不太平

覃仕勇——著

自序

太平天國運動是清朝後期的一次由農民起義創建的農民政權，也是中國歷史上最大規模的農民戰爭。關於這場運動，在很長一段時間內，有人讚美，有人詛咒。

但近些年來，史學主流鑒定為這是一個在運動過程中神權與君權相交織，從而建立在欺壓人性基礎上的農民暴力政權。

的確，太平天國能夠縱橫十八年，先後佔據中國六百多個府州縣，所依靠的就是強大的軍事暴力，而當暴力衰減、軍事失敗，整個政體便煙消雲散，曾經汗牛充棟、隨處可見的太平天國的印書、文書，在短短的二三十年內銷聲匿跡，近乎蕩然無存。從而給研究這段歷史的人帶來了巨大的困難。

即便搜聚到為數少得可憐的太平天國檔案及材料，因為太平天國以宗教的名義立國，君權中交織著神權，不可避免帶上許多神秘色彩。單以「太平天國」這四個字為例，太平天國領導者作出過明確規定，其中的「天」字兩橫，要寫成上長下短；「国」字內為「王」字，後期更先後改稱上帝天國、天父天兄天王太平天國。至於「代天父傳言」，以太平天國高層使用的客家話為「國語」等等行為，也讓後世的研究者暈頭轉向，難得要領。

所幸，從清政府的材料、從無辜牽涉入太平天國運動中的文人士大夫的筆記、從西方傳教士、西方報導等諸多方面入手，還可以還原出這場運動的原貌。

本書就依據上述四個方面的材料，整理出三十則關於太平天國運動的小故事，希望從故事的側面來幫助人們認識和分析這場運動的本質。

目次

洪秀全原配大老婆為「第二王后」，那「第一王后」是誰呢？

在很長一段時間內，人們都搞不清楚太平天國的天王洪秀全到底有多少個女人。甚至，連起事前的洪秀全有多少個妻妾也不容易搞清楚。

一八四九年十一月，洪秀全遠在廣西紫荊山區醞釀起義，長子洪天貴福在廣東花縣官祿村出生了，生母就是洪秀全的原配正妻賴蓮英。

然而，洪天貴福並不是洪秀全的第一個孩子。

洪天貴福後來被清軍俘獲，寫有供狀，上面說：「我有兩個兄弟，均係十一歲，一名天光，封為光王，係第十二母陳氏所生；一名天明，封為明王，係第十九母吳氏所生。並有兩姊三妹，均不同母的。」又說：「我自五歲隨父到南京，六歲時讀書，同一個姊子名天姣係長我十歲的，教我讀書，並無先生。」

這裡，給我們傳遞出這樣幾個資訊：老洪共有三子五女——長子洪天貴福、次子洪天光、三子洪天明；長女名叫洪天姣，和洪天貴福不同母，比洪天貴福年長十歲。（實際上，洪秀全的次子是洪天曾，早年夭折；洪天光是三子，洪天明是四子，還有一個名叫洪天佑的幼子，過繼給了楊秀清，稱幼東王。女兒中除洪天姣外，另外兩個名字不可考）

所以說，洪秀全雖然高喊「一夫一妻」口號，但起義前，他的女人就不止一個。

洪天貴福是洪秀全的第三個孩子，卻是長子，洪秀全異常重視。

洪秀全人在廣西，家裡的一切事務均交由族弟洪仁玕代為料理。受洪秀全的囑託，洪仁玕代為新生兒取名。

洪仁玕後來在「南昌府提訊逆酋供」回憶取名經過：「偽天王的兒子名貴福，誕生時有群鳥集於屋上飛鳴數日，眾人皆知。偽天王因要把兒子取名，小的就預寫紙條多張於筒內，用筷鉗起，得天貴二字，偽天王不知何意，改取貴福二字。」

洪天貴福本人也在供狀中說：「自少名洪天貴，數年前老天王叫我加個福字，就名洪天貴福。」也就是說，洪天貴福的名字是經過多次改動的。首先，洪仁玕搞封建迷信，預寫紙條多張於筒內，用筷鉗起，命名為「天貴」。但洪秀全「不知何意」，並不滿意，「改取貴福二字」，將洪天貴的名字改為洪貴福，後來又在其原名上添加一個「福」字，改稱洪天貴福。

有趣的是，洪天貴福說：「父親先封我為真王，外人誤傳真王二字為瑱。」

一八五〇年六月，金田起義前夕，洪秀全專門派遣黃盛爵、侯昌伯兩人潛赴花縣，將自己的妻小一古腦接到了廣西，並早早就冊立了尚在繈褓中的洪天貴福為「幼主」，即將洪天貴福被立為太平天國的儲君、洪秀全未來的接班人，可見洪全秀對這個兒子的重視程度。

這年，洪秀全駐蹕江口圩石頭腳陳公館時，一口氣娶了十五個妻；到永安州封王時，又加娶了三十六妻；而建都南京後，官書只稱「娘娘甚眾」——這個「眾」字到底指代的數字是多少，就沒有人說得清了。

究其原因，是洪秀全為了保護自己的隱私，特意頒發《嚴別男女整肅後宮詔》，宣佈「後宮姓名、位次永不准臣稱及談及」、「後宮面永不准臣下見」、「後宮聲永不准臣下傳」；進城後又劃分前宮後宮，「外言永不准入，內言永不准出」，所有後妃外人「總稱娘娘」。

署名為「武昌沈懋良撰」在所著的《江南春夢庵筆記》中稱，在天王府裡陪侍洪秀全的有愛娘、嬉娘、妙女、姣女等十六個名位，共二〇八人，二十四個王妃名下又有姹女、元女等七個名位，共九六〇人，總妃嬪有一一六八人。再加上宮中服役的女官，共有二千三百多名婦女為洪秀全一個人服務。

不過，這個自稱是在太平天國高層蒙得恩身邊生活了十三年的「沈懋良」，經過太平天國史研究權威人士羅爾綱的大力考證，被證明身分有假，且《江南春夢庵筆記》一書破綻百出，這是一部偽書，所記均不可信。

所以，《江南春夢庵筆記》中所記錄的關於什麼嬪娘、愛娘、嬉娘、寵娘、娛娘、元女、妖女等等後妃的編號編制純屬胡編亂造。

而從洪秀全於一八五七年發佈的五百首《天父詩》裡，人們倒是看到了不少後宮名號，並整理出大致脈絡。

洪秀全的後妃中，最尊貴的為「正月宮」，接著是「又正月宮」，往下則是被他本人稱為「宮中最貴」的「兩十宮」，再往下應該是「副月宮」和「又副月宮」。「月宮」之下，即有「統教」、「提教」、「通御」、「正看」、「副看」等等。

至於有多少個後宮「娘娘」，詩中還是沒透露。

這個謎底，直到洪天貴福被清軍俘獲後寫供狀時才揭曉。

洪天貴福在供述中說：「（我）年十六歲，在廣東花縣生長。父親老天王洪秀全，今年五十三歲，有八十八妻。」

看，洪秀全真不愧是一個土生土長的廣東人，八十八個，數字大吉大利。

不過，洪天貴福又供述說：「我係第二房賴氏名蓮英所出，現年四十多歲。」

這、這……怎麼回事兒？

洪天貴福這一句供述澈底把後世研究太平天國史的人弄暈了。

洪天貴福的生母可是洪秀全的原配正妻賴蓮英呀，怎麼又成了第二房了？

有沒有搞錯?!

照理說，洪天貴福作為當事人，肯定不會搞錯的。那麼，問題出在哪兒呢？

而且，根據保存下來的洪氏族譜《萬派朝宗》的多個版本，都記載著洪秀全的原配正妻子就是賴氏！洪天貴福說她是「第二房」，根本沒有道理嘛。

然而，從太平天國的官書來看，賴蓮英的封號是「又正月宮」，這「又」分明就是第二個，另一個的意思啊。

也就是說，賴蓮英這個「又正月宮」前面還應該有一個地位是除了洪秀全這個「太陽」之外，最為尊貴的「正月宮」的。

看來，洪天貴福一口一句稱「又正月宮」賴蓮英為「第二個母后」是不會有錯的了。

而且，在洪秀全的個人詩集《天父詩》中，他就明確要求其他「月宮」尊稱賴氏為「二姊」，說「二姊」對其餘後妃可以「當打則打當奏奏」，「頭一煉正，第二遵旨，第三聽二姊教」。

由此可見，「二姊」權力雖大，但卻是老二，上面還壓有一個老大呢。

那麼，問題來了。洪天貴福的「第一個母后」、洪秀全的「正月宮」，也就是後宮裡面的老大，到底是誰呢？

答案還得從太平天國唯一的一部官修史書《太平天日》中找。

這不找還好，一找，就找出了一個讓人哭笑不得的答案。

該書載：丁酉年（一八三七）三月初一日，洪秀全「被詔升天」，拜見他的「天父」上帝，領受了改造人間的聖命；作為上帝次子，上帝在天上給他匹配了一位「正月宮」，並且在他「升天」期間給他生了一個兒子，還沒來得及起名。

顯然，「正月宮」並不在凡間，而在天上，是上帝給洪秀全迎娶的「天妻」！

而且，這位「天妻」還在戊申年（一八四八）十一月下旬「下凡」過一回。

一八四八年十一月下旬，蕭朝貴假託天兄耶穌下凡，採用「降僮」一類迷信手段，假扮成「天妻」附體，對洪秀全說，由「她」生下的、生活在天上的兒子已滿十二歲了，埋怨洪秀全「還不回朝」看看兒子，又說自己思念丈夫「心腸都激爛也」。

這自然是洪秀全和蕭朝貴合演的一出雙簧，目的是要神化洪秀全、震懾拜上帝會眾。

既然天上已經有了這麼一位「天妻」，那賴蓮英就只能屈居第二，成為「二房」了。

所以說，洪天貴福稱自己有八十八個「母后」，實際上是八十七個。

值得一提的是，按洪秀全所編造的戲路，洪天貴福已經被過繼給了天兄耶穌，屬於耶穌的兒子，也是個神仙級別的人物的，那麼洪天貴福的生母賴蓮英只能算「肉母」，見了耶穌的兒子就必須磕頭。

在南京生活的日子裡，洪天貴福就時時享受著生母賴蓮英給自己磕頭的生活。

對賴蓮英來說，日子過得實在太憋屈了。

太平天國天曆辛酉十一年（一八六一）的五月十六日，不甘寂寞的賴氏拿起了反擊的武器，聲稱自己睡夢見到了上帝，上帝讓她帶話給洪秀全，說什麼治國要「寬心胸」、「天下太平慢慢來」，很是威風了一把。

但這種威風只是暫時的。

洪天貴福在被俘後供稱：「我媽與第四母餘氏不和，父親因將倆母均鎖閉了好些時。那時我年紀尚小，不見母常行啼哭。我父在日，各王見我均須跪禮，母磕頭禮我的。」

妻妾間不和，無非是爭風吃醋，洪秀全的處理辦法乾淨利索，兩個一起關小黑屋，眼不見為淨。而且，出來了，該跪拜跪拜，該磕頭磕頭，一切依舊。

洪秀全的後宮有數千名女人，真正用途卻是……

署名為「武昌沈懋良撰」的《江南春夢庵筆記》裡面稱，在天王府裡陪侍洪秀全的有愛娘、嬉娘、妙女、姣女等十六個名位，共二〇八人，二十四個王妃名下又有姹女、元女等七個名位，共九六〇人，總妃嬪有一一六八人。

經過太平天國史研究權威人士羅爾綱的著力考證，這個自稱在太平天國高層蒙得恩身邊生活了十三年的「沈懋良」身分有假，且《江南春夢庵筆記》一書破綻百出，該書是一部偽書，所記均不可信。

從洪秀全的兒子洪天貴福被清軍俘獲後所寫供狀上所稱「八十八個母后」來看，真實屬於洪秀全妃嬪的是八十七人（所謂「八十八個母后」中，有一個是虛擬的「天妻」）。

不管怎樣，這個由八十八人組成的後宮隊伍是足夠龐大的了。當時的清朝統治者咸豐皇帝的後妃也不過二〇多人，與洪秀全相較，相形見絀。

洪秀全入主南京之年已四十一歲，一個下子擁有這麼多女人，能忙得過來嗎？

的確，洪秀全從一介落第書生搖身變成了「上帝的兒子」，人世間高高在上的天王，內心急劇膨脹，對女人的需要是有過一陣瘋狂而激烈的衝動。

但，所謂的「上帝的兒子」，只是用來騙騙老百姓的謊話，本質上，他還是一個凡人，瘋狂而激烈的衝動過後，就是疲勞，疲勞過後就是倦怠，都這把年紀了，畢竟。

所以，那種認為老洪天天都在給女人恩施雨露的想法絕對是錯誤的。

老洪只有五個兒子、六個女兒，共十一個兒女。而這十一個兒女中，洪天貴福和他的兩個姐姐是在廣東花縣出生的。也就是說，在南京出生的，不過只有八人而已，這，可是老洪和八十七個女人花了長長十三年時間才開花結出的果子呀。

從這一點上，就足以證明老洪沒有你想像中的強大，也沒有你想像中的荒淫。

那麼，老洪那方面的能力既然有限，又為什麼霸佔著這麼多女人不放呢？

原因有兩方面。

第一個是心理上的。

洪秀全不是說要趕走「清妖」、建立天國以取代清朝嗎？

那他就得跟清朝叫板，樣樣要與清朝分高低。軍隊上、地盤上比不上，那就先在派頭上、排場上壓住對方。

後宮女人數量龐大，那也是一種氣勢啊。

另外，歷史上那些有作為的皇帝，如唐太宗、明太祖、康熙等，他們在對女人的佔有量上不都是多多益善的嗎？

老洪可是連唐太宗都不放在眼裡的，怎麼能輸給他們?!

第二個嘛……這個說起來比較心酸。

《江南春夢庵筆記》說洪秀全有一一六八妃嬪，那是說得誇張了，但這個書又說有二千三百多名女子在後宮專門服侍洪秀全一個人，這又未免太過保守了。

早在一八四三年六月創立拜上帝教的時候，洪秀全就鼓吹「天下多男人，盡是兄弟之輩；天下多女子，盡是姊妹之群。何得存此疆彼界之私。」號召發動農村群眾包括勞動婦女在內的廣大人民參加選擇活動。在他的蠱惑下，廣西桂平縣鵬隘山區湧現出了一大批以楊雲嬌為首的婦女積極投身到起義行動中。當時有一首民謠是這樣唱的：「姊妹親，同個房睡共口針，如今姐隨洪楊去，妹也跟隨一路行！」

一八五一年一月十一日，洪秀全正式舉起義旗，鄭重其事地頒佈了五條軍紀，其中第二條是「別男行女行」，設立由清一色婦女組建成的女營。

曾幾何時，這些農家大腳女兵就在洪秀全發出的「男將女將盡持刀，同心放膽同殺妖」的旨令下衝鋒陷陣、馳騁沙場。

曾國藩吃盡了這些女兵的苦頭，咬牙切齒地稱之為「大腳蠻婆」，在奏報給朝廷的奏摺中說：「賊婦亦有偽職，與偽官相等，間嘗出戰，紅綃抹額，頗矯健。」

不過，軍隊裡既有女兵，就必須杜絕男兵與女兵之間出現感情糾紛，以免影響戰鬥力。

於是，洪秀全就出臺了男女隔離的制度，說：「男有男行，女有女行，不得混雜。」

在永安城，洪秀全還頒行了「十誡」的天條，說，「凡男人女人奸淫者，名為變怪，最大犯天條。」

太平軍佔領了長江重鎮武昌後，洪秀全變本加厲，將前期的女營變成了女館，將原有的天國女兵，包括那些被武力征服的良家婦女，一古腦遷往武昌火巷「歸館」，「遲延者鞭棰促之」。

洪秀全凜然宣佈：「令闔城男女分別信館，不准私藏在家，一經查出，立即嚴拿，斬首示眾，決不寬赦。」

從此，男女隔離的制度被更加嚴密、嚴格地執行，即使是丈夫探看妻子，兒子探視母親，也「只宜在門首問答，相隔數武（步）之地，聲音務要響亮」。「凡夫妻私犯天條者男女斬首」。夫妻也不可同寢，但有違反，一律殺頭。

攻克南京前夕，洪秀全又發佈了一道嚴分男女界限的詔令：「女理內事，外事非宜所聞」。嚴禁身邊婦女與外界聯繫。

攻入了南京城，洪秀全說，已經到了「萬國來朝之候，大興土木之時」，要興建天王府。

按照洪秀全自己的設計，王府就從原兩江總督署的基礎上向周圍擴建十里，四周有三丈高的黃牆環繞的宮殿群，宮牆外面一道深寬各二丈的御溝，溝上有三孔石橋稱五龍橋供行人進出往來，即所謂九重天庭是也。

洪秀全還別出心裁，準備在第一道大門天朝門的門外懸掛一幅十餘丈的黃綢，上面就大書朱字詔令：「大小眾臣工，到此止行蹤，有詔方准進，否則雲中雪（太平軍形容「殺頭」的隱語）」。

洪秀全保護自己隱私的警惕性非常高，他厭惡男人進入自己的禁地。對於天王府的建造，一個男人也不用。

這麼一來，女館裡面的幾千婦女，包括起義之初的那支女兵在內，全被洪秀全調去，參加建築工作。所以說，後宮裡面，的的確確有幾千婦女專門服侍洪秀全一人。

天王府建造過程中：「周圍加砌高牆，二丈高四尺寬，牆頭加砌碎瓷瓦築，牆外令擄得婦女挑挖濠溝。」「其鳳門以內，皆係賊婦在內，以供洪逆役使。賊婦中並有能造房屋者，洪逆住處失火，燒去樓房數間，旋經賊令木匠將房架造成送入，賊婦即在內蓋成房屋。」

無論是「擄得婦女」還是「賊婦」，總之一句話，偌大天王府，全是由婦女們一手一腳蓋成的。

因為工期太緊，洪秀全急著要入住，就親自監工督迫，「御目常注，督其操作」，驅使成千上萬婦女在風雨寒雪中建房、挖濠、砌牆。

事情做得太過，連楊秀清也看不過眼了，對洪秀全說：「女官若有小過，暫且寬恕，即使教導亦要悠然，使其無驚恐之心。譬如鑿池挖塘而論，不比築城作營，若遇天時雨雪霏霏，即令其暫且休息，以待來日。現下雨雪寒凍，勿用緊挖！如此安慰，彼必寬意樂心，知恩感德，勇於從事，事必有成。」

工程是這樣龐大，王府直到天國覆滅都未能竣工，「後宮婦女」的辛苦就一直沒有停頓。

洪秀全在內心裡拒絕男人進入自己的禁區，曾經讓手下在南京挑揀了八十個十歲以下的俊俏男童進行閹割，以招入後宮充當宦者役使。哪想到手下沒掌握閹割技術，八十個孩子被弄死了七十七個，剩下的三個下半身嚴重潰爛，成了殘廢。

所以，營建天王府，甚至擔任王府保衛工作，照顧洪秀全的所有生活起居、衣食行住等事務，全部交給了女人。

這，就是洪秀全後宮為什麼這麼多女人的根本原因。

洪秀全自從一八五三年三月進入天京，直到一八六四年六月五十二歲病死，十一年中從未邁出過天京城門一步，只有一次坐六十四個女人抬的大轎出宮去探視生病的東王楊秀清。

在王府內，他也懶於走動，專門定制了一輛豪華的人力乘金車，名為聖龍車，做車夫拉車的也是後宮這些女人。

英國翻譯兼代理寧波領事富禮賜在其所著的《天京遊記》中記錄了他本人在王宮前的一次見聞，說，某天，他看到一個奇怪的現象，宮內聲音雜起，鼓聲、鈸聲、鑼聲與炮聲交作，一問，才知是天王要進膳了，「聖門半開，好些軟弱可憐的女子或進或出，各提盤碗筷子及其他用品，以侍候御膳用。各種物品大都是金制的。」

就這樣，後宮的婦女像照顧嬰孩一樣照顧著天王。

早晨為天王「洗身穿袍統理髮，疏通紮好解主煩，主發尊嚴高正貴，永遠威風坐江山！」

穿戴好天王全身，就行三跪九叩大禮：「朝朝穿袍鐘鑼響，響開鐘鑼盡朝陽，後殿此時齊呼拜，前殿門開來接光！」

行過禮，就拉著聖龍車帶天王游御苑：「苑內遊行真快活，百鳥作樂和車聲。」

◆◇◆◇◆◇

可以說，這種關懷是全方位的，無微不至。

可還是得不到天王滿意。

天王洪秀全給這些女人制定了許許多多千百萬的規矩，要求她們嚴格遵行，否則嚴懲不貸。

比如說，女人給他按摩肚子，絕對不能碰到鬍鬚，因為天王說了：「小心彎遠須顧須，悠悠輕輕摸挨臍！」

給天王搖扇蓋被，扶天王起床，一定要輕手輕腳，天王說了：「撥扇扯被離一尺，扶王捧手身先行。」

給天王搖扇驅蚊，一定不能停歇，天王說：「日夜撥扇扇莫停，莫撥榻底要記清！」

就連捧茶拿痰桶，也必須抬頭、挺胸、收腹、提臀，天王說：「捧茶不正難企高，拿涎不正難輕饒！」

不說一舉手一抬足，就連一顧一盼都有嚴格要求，天王說：「起眼看主是逆天，不止半點罪萬千。」

天王還說：「看主單准看到肩，最好道理看胸前，一個大膽看眼上，怠慢爾王怠慢天！」

◆◇◆◇◆◇

天王這也不許，那也不許，萬一哪條做得不到位，有什麼後果呢？

後果很嚴重。

洪秀全在一八五七年出版《天父詩》提到，他對「娘娘」的處罰有「三年不發新衣」、罰餓、關黑屋子、杖責、砍手足、「煲糯米」（點天燈活活燒死）、砍頭等等。

其中，還多次提到「爺爺怒養殺三人」。也就是說，在一八五七年之前，他曾處死過三位後宮女子。

洪秀全對這些女子橫挑鼻子豎挑眼，還蠻橫無理、兇悍殘暴，但關鍵時刻，還是這些女子救了他一命。

一八五六年，「天京事變」發生，北王韋昌輝殺了東王楊秀清，又領兵殺入天王府，要連同洪秀全也一併解決了。就是這些女子，拿起了武器，誓死保衛天王，最終打得韋昌輝及其手下落荒而逃。

一八六四年，洪秀全病死了，同樣是這些可憐的女子埋葬了他。這些女子用黃綢小心地包裹好老洪的屍體，埋在「宮內前御林苑山上」。

過了短短四十多天，天京城破，當大隊清兵呼嘯著殺向天王府時，這些絕望的女子點起熊熊大火，奮不顧身地投入火中，尋找「天王」的幽魂去了。

現在讀洪秀全的臭屁詩都會被熏到，當年他怎麼好意思參加科考

大名鼎鼎的太平天國農民起義領袖洪秀全其實是一個「假革命」，他口口聲聲要建立一個「有田同耕，有飯同食，有衣同穿，有錢同使，無處不均勻，無人不飽暖」的太平盛世，但從四十一歲進入南京城至五十二歲病崩，整整十一年時間裡，從未走出過南京城門一步，既不統軍殺敵，也不運籌謀劃，僅頒發過二十五篇詔書，甚至從一八五四年至一八五八年的五年中未發一詔。

那麼，在這「宅男」歲月裡，洪秀全是怎麼打發這三千多天的時間的呢？從相關史料來看，這位義軍領袖，每天就沉湎在酒色之中，以調教宮中女子和縱欲為樂。為了調教這些女子，洪秀全作有詩歌好幾百首。

今天我們來看這些收錄在《天父詩》裡的詩，半通不通，連打油詩的水準都達不到，臭氣熏天，讓人噁心。

洪秀全在金田起義那會兒，寫詩號召「男將女將盡持刀，同心放膽同殺妖」，等定都天京，就罵曾經持刀殺敵的女人不懂規矩，寫詩責怪說：「耕田婆有耕田樣，天堂人物好威儀，爾們想做真月亮，到今還不曉提理！」

即使是精心挑選到身邊來專門服侍他的嬌美女子，他心情不好了，也寫詩諷刺挖苦，「跟主不上永不上，永遠不得見太陽！面突烏騷身腥臭，嘴餓臭化燒硫磺！」

老實說，這些詩，很難說是詩，除了字數按詩的要求排列外，其他無一可取之處。沒有詩的意味，沒有詩的韻律，沒有詩的意境，不堪入目，全是夢囈中的夫權獨白，無理取鬧，無理斥責。

這就讓人很奇怪了。以這種水準，洪秀全當年怎麼沒半點自知之明，居然好意思參加科考，而且還連考了四次，也不怕薰暈了評卷員！

當然，以這種水準，洪秀全落第也就是最正常不過的事兒了。

但是，認真翻一翻洪秀全的求學史和落榜史，事情又似乎並非如此。

清代秀才考試共分縣、府、院三場。洪秀全第一次參加考試的時間一八二九年，那一年，洪秀全十六歲，縣、府試通過，院試落榜。一八三六年，洪秀全二十三歲，第二次參加院試，仍是縣、府試通過，院試落榜。一八三七年，洪秀全二十四歲，第三次參加院試，依然是縣、府試通過，院試落榜。一八四三年，洪秀全三十歲，第四次參加院試，還是外甥打燈籠——照舅（照舊），縣、府試通過，院試落榜。

四次考試，結果都是鎩羽而歸。

但注意其中的過程：每次都順利通過了縣試、府試，只是到了院試才折戟。

如果說，洪秀全的文化水準真是上述《天父詩》的水準的話，應該在縣試階段就被驅逐出場了，沒理由啊。

由此可見，洪秀全考不上秀才，文化水準是低，這一點，是無庸置疑的。但，絕不會是《天父詩》那種水準。

俗話說，見人說人話，見鬼說鬼話。

寫詩，也要結合讀詩者的理解能力來進行的，否則，就會陷入對牛彈琴的尷尬境地。

洪秀全的《天父詩》之所以乏詩味，夾雜大量口語、通俗語，甚至廣東客家話的句式、詞彙，讓一般讀者讀起來如墜雲霧，是因為寫這些詩的目的是要訓導天京後宮內那一大批來自客家的文盲或半文盲女子。

不是說了嗎？創作要貼近生活、貼近實際、貼近群眾。

洪秀全的《天父詩》就很好地完成了這「三貼近」，完全貼近他所佔有的女人。

最後，問題來了，洪秀全的真實文化水準到底有幾何呢？

可以看看那些存在版權爭議的「洪秀反詩」。

其一：

手握乾坤殺伐權，斬邪留正解民懸。眼通西北江山外，聲震東南日月邊。
展爪似嫌雲路小，騰身何怕漢程偏。風雷鼓舞三千浪，易象飛龍定在天！

有研究太平天國史的學者提出這首詩不是洪秀全寫的。

可是，你看，詩本來講究賦比興，但這首詩全是虛的，沒有具體內容，全是吹牛，完全符合洪秀全文學創作的特點嘛，另外，「斬邪留正」也是拜上帝教的特有詞彙，是洪秀全的口吻。

辨清了這一點，再來評詩。

誠然，詩意直白淺薄，意境不開闊，欠缺蘊藉，但也合轍押韻，比《天父詩》好得多，也正常得多了。

再有，金田起義前夕，洪秀全賦詩明志，云：

近世煙氛大不同，知天有意啟英雄。
神州被陷從難陷，上帝當崇畢竟崇。
明主敲詩曾詠菊，漢皇置酒尚歌風。
古來事業由人做，黑霧收殘一鑒中。

這首詩，可是洪秀全貨真價實的作品，而且，水準都有些接近黃巢的高級反詩了。所以說，洪秀全的詩作並沒有我們想像中那麼不堪。

我們再來讀一首洪秀全在《原道醒世訓》收尾處的題詩：

上帝原來是老親，水源木本急尋真；
量寬異國皆同國，心好天人亦世人。
獸畜相殘還不義，鄉鄰互殺斷非仁；
天生天養和為貴，各自相安享太平。

這首詩也很有幾分古風意味，格律大體不錯，但洪秀全寫這首詩裡，考慮到受眾文化水準不高，在遣字排句方面，已經有向《天父詩》接近的傾向了。

說說太平天國那些千奇百怪的制度和規定

太平天國的領袖一心要砸碎萬惡的清妖政府，開創一個全新的國度，就力求天國內部的所有一切都與清妖政府截然不同，進而從全方位進行改革。

可惜的是，很多改革只是停留在表面上，舊酒換新瓶，換湯不換藥，並沒有太多實質性的改變。甚至，很多東西越改越糟糕，出現了混亂，開了歷史的倒車。

下面，就列舉一些太平天國中改革改得荒唐、離奇、可笑、可悲、可歎的東西。

一、改稱呼：稱歷代帝王均為「相」，稱孔子為「孔阿二」，稱清朝為「妖朝」，清官為「妖頭」，清兵為「妖兵」，神像為「死妖」，罵人為「妖魔鬼」。稱天王洪秀全為「真聖主」，稱東南西北翼等王及頭目為「大人」（後期也稱「老毛子」），其他內部成員一律稱「兄弟」。但凡擄掠得富貴家子弟及年輕而貌端正者認為乾兒子或者養作妾童的，稱「公子」，擄得女子少婦為妻的，稱「貞人」，此外，還有「小把戲」、「牌面」、「牌尾」、「典樂」、「典廚」、「典硝」、「董事」等等稱呼，不一而足。

二、改文字：隨心所欲，胡亂竄改文字，如「聖」改「勝」，「上」改「尚」，「華」改「伍」，「耶」改「耳」，「國」改「郭」，「火」改「亮」，「清」改「菁」，「秀」改「莠」，「山」改「珊」，「貴」改「桂」，「亥」改「開」，「卯」改「榮」，「醜」改「好」。將

「辛亥」說成「辛開」，將「癸丑」說成「癸好」，讓人莫名其妙。

三、用隱語：稱火藥為「紅粉」，炮彈為「元馬」，巨炮為「洋莊」，百姓為「外小」，上茅廁大便為「調化」，小便為「潤泉」，向百姓征糧、索貢為「講道理」，凡此種種，不勝枚舉。

四、改刑罰：訂有律令一百七十七條，刑罰主要有點天燈、分屍、剝皮、鐵杵、頂車，反弓、跪火、杖肋、鞭背、木架等等。其中的點天燈，也叫倒點人油蠟，把犯人扒光衣服，用麻布包裹，再放進油缸裡浸泡，入夜後，將他頭下腳上拴在一根挺高的木杆上，從腳上點燃。此刑在太平天國最受歡迎，最為盛行。

五、改科考：所出考題主要以拍領導人馬屁為主，如：「四海之內皆東王。」又如：「天父原來有主張，磨來磨去試心腸。」考試中榜者，常熟稱「莠士」（即「秀士」），蘇州稱「博士」、「約士」，南京稱「俊士」、「傑士」。

五、取南京後改戰法：士兵持竹竿而戰，插竿首以長釘，以此為戰具。且擄不知戰之良民為前驅，誆騙部眾說：「放膽，有天父看顧！有天父保佑！」或：「越吃苦，越威風。」又或：「代打江山打先鋒，要汗如珠。」

六：迫民信教：捏造諸如《天理要論》、《天情道理書》、《原道救世歌》、《舊遺詔》、《新遺詔》、《天父天兄下凡詔書》等等天主書教人，不能背讀者杖之。《金陵兵事匯略》記：「賊逼男女拜上帝，以黃紙作誓語，拜畢焚之，謂之悔罪。」要求百姓每日睡起飲食都要默念「小子某同眾小子跪在地下，敬謝天父上主皇上帝老親爺爺」等語。

最讓人大跌眼鏡的是改變軍民生活模式。

洪秀全在造反之初，為了斷絕起事者的後路，要求鍋碗砸碎，房屋燒掉，全家參加，財產充公。這麼一來，破釜沉舟，人人都成了過河卒子，除了力戰，再無第二條出路。正因為這樣，初期太平軍雖然從軍事層面上的戰略戰術都不行，但兵鋒甚銳，所向披靡。

不過，全軍男女都參加造反了，如果不採取得力措施，行軍打仗不僅因為拖家帶口不方便，即在吃穿行住各方面仍以家庭為單位，肯定影響戰鬥力。所以，洪秀全嚴格實行男女隔離措施，並在理論上做了大量宣傳，如《原道救世歌》說：「第一不正淫為首，人變為妖天最瞋；淫人自淫同是怪，盍歌麟趾詠振振。」《天條詩》說：「第七天條：不好奸邪淫亂……男有男行，女有女行，不得混雜。凡男人女人姦淫者名為變怪，最大犯天條。」然後在《禁律》中規定：「凡夫妻私犯天條者，男女皆斬。」

定都天京後，洪秀全還明確宣佈「男有男行，女有女行，男習士農工商，女習針指中饋」，要求男女分開住，並將已婚的男女強行分居，實行軍事化管理。平均以二十五人為一單位，按照性別編入男館或女館，俗稱「男營」、「女營」，由洪秀全的親信蒙得恩統管，民女入館後，「無論老少，呼曰『新姐妹』，聚二十餘人為一館」。

洪秀全以《天條書》第七天條作為最權威的指示，稱「務宜時時嚴查軍中有犯第七天條否，如有犯第七天條者一經查出，立即嚴拿斬首示眾，決無寬赦。」軍中禁律再加以強調「犯第七天條，如係老兄弟定點天燈，新兄弟斬首示眾。」「凡夫妻私犯天條者，男女皆斬。」「凡強姦經婦女喊冤，定即斬首示眾，婦女釋放；如係和姦，即屬同犯天條，男女皆斬。」

也就是說，凡在天平天國統治區內生活的人，無論是士兵還是百姓，只要和異性發生了關係，就算是夫妻，一樣格殺勿論。

冬宮又正丞相陳宗揚實在忍受不了，偷偷摸摸，像偷人一樣，夫妻偷偷同宿了幾個時辰，被人告發，結果夫妻雙雙被押上了斷頭臺。

不過，洪秀全對下屬的要求義正辭嚴、不容置辯，但他和楊秀清等一干高層卻又不是這樣以身作則，嚴格要求自己，而是廣選嬪妃，過著帝王式的淫奢生活，讓人暈厥。

早在永安封王時，即一八五一年十一月，洪秀全就正式宣佈：「後宮稱娘娘，貴妃稱王娘。」即天王的後妃總稱「娘娘」，東、西、南、北、翼五王的妃子通稱「王娘」。次年，便在武昌閱馬廠選妃，洪秀全自己，一口氣定了六〇名年輕美貌的少女。定都天京後，每逢首義諸王壽誕之日，都要在城內女館中選妃。《金陵省難紀略》、《金陵癸甲紀事略》等書都詳細記述了其選妃的盛況。民間被弄得雞飛狗跳，「號哭之聲，呼天搶地」。

此外，太平天國的地方官員為了取悅上級，還源源不斷地進獻美女。比如說，一八五三年，常熟、昭文二縣的官員就「盡搜其婦女、貨寶而西，陸續異送江城。」一八六〇年，蘇州也「取美女七百餘置諸舟，送金陵，備偽天王妃殯用，曰貢女。每歲一貢，總計凡四貢。」

另外，各地鄉紳為了逢迎太平軍領導人所進獻的美女，就更加難以計數了。不過，說一千、道一萬，要論進獻美女給領導，誰也比不過蒙得恩！

蒙得恩不是女館的總主管嗎？這傢伙特別會來事。他把那些特別漂亮美麗的都挑了出來，打包送給領導，次一點的，就分配到錦繡營做袍服、被帳、以及王府的裝飾，長相普通的，就要像男人一樣從事運糧、背煤、割麥、割稻、伐木、砍竹等等工作。至於長得比較難看的，就抽調去築營壘、挖溝濠、參與建造天王府和東王府，或者守卡、巡更，甚至到城外去恐嚇和衝擊清軍。如果誰敢發牢騷表示不滿，就以「變妖」論處，點天燈，殺一儆百。

有了這眾多攫選美女的管道，洪秀全的豔福齊天了。

一八六四年，洪秀全兒子洪天貴福被俘後在供詞中說，洪秀全共有八十八個妻妾。妻妾之外，還有多少宮女圍繞在洪秀全身邊、給洪秀全提供那方面的服務呢？沒有誰統計得過來，但很多記載都直指圍繞洪秀全轉的宮女不下一千人。

洪秀全這種「只許州官放火，不許百姓點燈」的行為，惹得下面怨氣沖天。

洪秀全也覺得自已有些過分了，太缺德、太沒人性了。一八五五年，為了平息民憤，同意了准許夫妻同住、青年男女婚配。他頒佈了一道多妻詔詔令：「今據天旨，朕詔西王可有十一妻，南王可有六妻，至十以下各級官員，毋須爭論。……今允東王、西王各十一妻，自南王至豫王等各有六妻，高級官員三妻，中級官員二妻，低級官員以及其他人等各一妻，自高而低，依級遞減，上多下少，切莫妒忌。」

為了不讓女人影響和干擾到男人打仗，洪秀全又別出心裁地制訂了一系列加強男權、貶低女性地位的措施，如在他「旨准鐫刻頒行」的《幼學詩》中寫「子道刑於妻……婦言終莫聽」，要求誰也不得聽妻子的話，又在「妻道」裡寫：「妻道在三從，無違爾夫主，牝雞若司晨，自求家道苦。」要求女人必須事事順從男人。又在《天父詩》中重申了君權、夫權、男權，稱「生殺由天子」，「只有媳錯無爺錯，只有嬸錯無哥錯」，並加訂了一個「十該打」的條規：「服事不虔誠一該打。硬頸不聽教二該打。起眼看丈夫三該打。問王不虔誠四該打。躁氣不純靜五該打。講話極大聲六該打。有喚不應聲七該打。面情不喜歡八該打。眼左望右九該打。講話不悠然十該打。」

從林鳳祥被捕談太平天國軍的養童妾風氣

洪秀全所率領的太平軍於一八五三年三月十九日定都天京後，便派林鳳祥、李開芳、吉文元等率二萬多人北伐。這支北伐軍從揚州出發，孤軍遠征，長驅六省，經安徽、河南等地，進入直隸，逼近天津，兵鋒銳利，極大地震撼清朝心臟地區，牽制大量清兵，可謂威勢赫赫！

北伐軍統帥林鳳祥乃廣西桂平縣白沙人，自金田起義至北伐以來，一路衝鋒陷陣，充當軍中前驅，和李開芳一起，都是太平天國前期打先鋒的虎將。

北伐軍氣貫長虹，高歌猛進，所向披靡，形勢大好。

以至到了朱仙鎮，林鳳祥派人帶密稟回天京，報告準備渡黃河所遇到的種種困難時，還意氣風發，大談勝利前景，說：「自臨淮至此，盡見坡麥，未見一田，糧料甚難，兵將日日加增，盡見騎馬騾者甚多。忖思此時之際，各項俱皆豐足，但欠穀米一事。臨淮至此，著人帶文回朝數次，未知至否？如此山遙水遠，音信難通。茲今在朱仙鎮酌議起程，過去黃河成功，方可回稟各王殿下金安，無煩遠慮也。轉奏天王萬歲萬歲萬萬歲！」

但是，北伐軍一路攻必克、戰必捷，所過取州縣皆不守，漸漸進入了孤軍遠征、後路被斷的態勢，一旦糧餉不繼，即陷絕境。

果然，當北伐軍被阻在靜海、獨流後，糧盡，林鳳祥南走連鎮，樹木城，浚濠溝，堅守待救兵。可是援兵久久不來，林鳳祥在地洞被搜獲，檻送北京，腦袋落地。

武昌人陳思伯在武昌被裹入太平軍，從征至天京，然後隨軍掃北，充當書手，該年在連鎮叛逃，撰有《複生錄》，詳細記錄了林鳳祥被擒過程如下：

正月十九日一仗，林逆右臂左腿兩受槍傷，始將賊之中營攻破，半死刀槍之下，半死運河水中，一日剿滅罄盡，唯未見林逆屍身。僧王親臨督陣，諭令施肇恒等不准收隊，必須查實林逆下落，方准撤兵。義勇露宿三晝夜網撈水中屍身，皆非首逆。至第四日，始在中營頹垣下查出有一地道，洞口蓋有石板，板上堆砌磚瓦累累，飛報僧王親來驗視。掘開石板，洞中黯然。王問誰先下去？施肇恒原在林逆處司廚，恃其熟識，應聲願往。王誇有膽。施入洞一時許始出，王驚喜非常，細問入洞情形。施肇恒稟知：內設有燈，床帳木器齊全，並存有月餘之糧。偽檢點、指揮、將軍、總制、監軍、軍師等官，共計三十餘名，咸持刀相向，欲行殺害；幸林逆喝阻，聲稱洞口已破，天意可知，殺施一人，無濟於事。今林逆右臂左腿均受槍傷，非乘輿難以行走。王命施肇恒專辦林逆出洞等事。又取令箭，命穆將軍、西都統督綁賊目三十餘名，訊明姓名年歲開冊，候令處斬。王回營審林逆口供後，派兵多名護送入都獻俘。

薛福成在《庸盦筆記》中補充了一個細節，說：「僧邸以咸豐五年正月十九日攻克連鎮，搜捕餘匪，悉數殲滅，則見林鳳祥方在地洞，挾二美人宴飲歡呼，已將長髮剃去，蓋欲乘間潛逃也。遂與其黨十一人一併生擒，解京誅之。」

薛福成所記的「二美人」其實是男性的。早在一八五一年正式起義時，洪秀全就鄭重其事地頒佈了五條軍紀，其中第二條是「別男行女行」，設立由清一色婦女組建成的女營。後來，為了杜絕男兵與女兵之間的感情糾紛影響戰鬥力，洪秀全又出臺了男女隔離的制度，說：「男有男行，女有女行，不得混雜。」在永安城分封五王時，洪秀全還頒行了「十誡」的天條，說，「凡男人女人姦淫者，名為變怪，最大犯天條。」

太平軍佔領了長江重鎮武昌後，洪秀全變本加厲，對男女隔離的制度貫徹得更加嚴密、更加苛刻，即使是丈夫探看妻子，兒子探視母親，也「只宜在門首問答，相隔數武（步）之地，聲音務要響亮」。「凡夫妻私犯天條者男女斬首」。夫妻也不可同寢，但有違反，一律殺頭。

攻克南京前夕，洪秀全又發佈了一道嚴分男女界限的詔令：「女理內事，外事非宜所聞」。嚴禁身邊婦女與外界聯繫。

所以，林鳳祥絕對不敢明目張膽地攜帶美女隨軍。

也正因為洪秀全的嚴苛要求，太平軍上上下下將士的性需求得不到滿足，處於長期壓抑狀態，所以，軍中形成了一個扭曲的、畸形的怪現象：同性戀。

士兵之間有沒有搞同性戀倒沒有確鑿的材料可考，但太平軍中比較盛行收養「童子」，即漁獵比較英俊美豔的少年良家子弟隨軍，當作自己的妾童。

張德堅的《賊情匯纂》中就有大量這方面的記載，如：不意遭逢粵匪（太平軍），擄脅良民，其視童子為至寶，每陷一城、過一鄉，避匿不及，舉富貴貧賤之家鈍敏妍媸之童子，悉一網打盡。當（童子）被擄之時，父母如燔肝肺，痛哭牽護，徒被殺割，無計挽留。孤孀獨子之婦傷痛自盡者有之，而被擄之童子遽受非常驚恐，如醉如癡，任賊抱搶而去，轉茫然不知悲戚。大抵（童子中）聰俊者賊目認為義子，輒從其姓，群下以「公子」、「小大人」呼之；陋劣者散賊帶為「老弟」。然賊中章程，非發長五六寸（發長可證實其入伍時間長短）仍不得役使老弟也。童子初擄入館，尚具天真，驚魂少定，未有不繫念父母，號泣求歸者，賊乃大加楚毒，鞭撻之，若稍倔強必致身無完膚，更以血刀利劍華服美食互置其前，謂順從則衣食而撫育之，否則殺卻。試思剮誘兼施，童子何堪，（何）有不俯首乞憐、任所欲為者乎？即有器識童子，賊欲狎玩之，甘受夏楚，（如果）輾轉抵拒，賊必銜恨折磨以死，或竟藉事殺之。嗟乎！童子至此，無異舍慈母而就虎狼，眈眈皆是，誰可告訴者？亦唯有吞聲飲泣，任其禽處獸蓄而已。

特別值得說明的是，男性將士寵養男童，女性將士也寵養女童，目的都是同樣的：聊解空虛寂寞。

曾國藩的幕僚王闓運納有一房小妾，名叫莫六雲。這莫六雲本是廣西宣化（今南寧）橫塘人，小名阿柚，被太平天國的女軍擄去，「為賊婦所養」，其父尋蹤到營中，請贖歸，而「賊婦愛而不許」。兩年後，「賊婦以讒被殺」，六雲成了「孤兒」，被太平軍賣到戲班，學習昆曲，不意邂逅了王闓運。

得納莫六雲，王闓運視為平生快事，曾在他的《湘綺樓詩集》中作詩並注：「餘在南海聽歌，有南寧女子，言頃過舊寓，淒然傷心，眾人癡笑之，餘獨心賞，贈以詩，買之同歸，今生二女，遂為妾。」

林鳳祥雖然褻玩男童，但並未喪志，被擒後「見王之倨傲，立而不跪也」，忠貞不屈、視死如歸，在遭受寸磔時，「刀所及處，眼光猶視之，終未嘗出一聲」，稱得上是條硬漢子。

李開芳及他的部下黃懿端、謝金生等七人在北京就義時也同樣昂首揚眉，勃勃不屈。

清軍在捆綁黃懿端時，黃懿端還飛腳把敵人踢死兩個，踢傷兩個。臨刑時，觀眾萬頭攢擁，黃懿端朗聲對觀眾說：「自出天京，所向無敵，清妖不堪一擊，滅亡就在眼前！」

如果太平天國取代清朝，客家話就會成為中國國語

服事不虔誠，一該打。
硬頸不聽教，二該打。
起眼看丈夫，三該打。
問王不虔誠，四該打。
躁氣不純靜，五該打。
講話極大聲，六該打；
有喙不應聲，七該打；
面情不歡喜，八該打；
眼左望右望，九該打；
講話不悠然，十該打。

又：

爾們何故咁逆旨，總是紅眼睛迷纏。

纏爾去做鬼喙糧，速快掙脫好上天。

以上兩首歪詩，乃是太平天國天王洪秀全的「傑作」。這兩首「傑作」，根本稱不上詩，沒有絲毫詩的意境，應該將之稱為順口溜更確切。

順口溜的特點有兩個，一、字面意思清楚易懂；二、讀起來順口易記。

事實上，以上順口溜，是洪天王專門為自己的嬪妃寫的。其創作意圖，是要讓嬪妃們牢記住自己制訂出來的千百條宮規、條例。

可是，現在我們在讀這些順口溜時，卻發現，這些順口溜的字面意思並不好懂，讀起來並不順口，也並不好記。這，是怎麼回事兒？

原來，洪天王的歪詩，全是用「天話」寫的。

什麼叫「天話」？

太平天國研究專家劉佐泉曾在他的著作裡提到這樣一則軼事，說：邑人銀行家黃志騰先生抗戰前在南京的一處客廳用客家話跟同鄉聊天，旁邊一位老者聽見了，問：「你們說的好像是天話」。什麼叫「天話」？老者解釋說：「我小時候曾出入洪秀全天王宮殿，天王說天話。」新加坡南陽客總會會長卓濟民解釋：天王洪秀全和許多太平天國將領都是客家人，客家話是鄉音，客家話就是天話。

也就是說，天話就是客家話，客家話是太平天國的國語。

客家話又稱涯話、麥介話、新民話，是客家人使用的方言，與北、粵、吳、閩、湘、贛六種語系並稱為中國七大方言。

客家人大多數是在明清之際從江西、福建、廣東等省陸續遷入廣西的，相對於原先居住在廣西的人們來說，是新來的居民，是客居者，所以客家人說的方言被稱為客家話或新民話。至於被稱為「涯話」和「麥介話」，是因為客家方言中有兩個鮮明的特徵，一是將現代漢語中的「什麼」稱作「麥介」，二是將現代漢語中的第一人稱代詞「我」稱作「涯」，人們便以其特徵指代總體，稱「涯話」、「麥介話」。

據語言學專家研究，客家話是中原漢民族最早通用的語言，至今客家方言中仍保留著許多先秦至唐宋的古音，是研究古代漢語的活化石。

客家人也因此自詡傳承了漢魂，是正宗漢族人，以正宗華夏後裔自居。

而客家人陸續遷入廣西，就使得廣西人口迅速增加，而耕地面積則所增無幾，以致人均耕地面積由康熙二十四年（一六八五年）的四〇・八八畝下降到嘉慶十七年（一八一二年）的一・六二畝。土地矛盾逐漸激化，於是，「客家占地主」、「地主排客」惡性事件時有發生。

此外，原著居民與客家人都是偏執的「大漢族主義者」，誰也不服誰。原著居民說客家人的語言「南蠻結舌」、「入耳嘈嘈」，屬於「野蠻不開化之民族」，「非粵種，非漢種」是「撈佬」、「北佬」、「撈松」、「撈頭」，甚至是「犬客」，是「獠」，聲稱自己的廣府話才是「中原古韻」。

客家人反唇相譏，說土人的語言「隔縣或隔幾里路就不能通曉」，而客家話「雖因地勢及河流的不同有不同，但不同省份客家人交流，八八九九可以通曉」。客家話才「最合古韻」。

既有利益上的互相爭奪，又有文化和「種族」上的彼此歧視，大規模械鬥就不可避免。

史書上記：「道光二十四年甲辰，田州因土客爭雄，各集亡命，肆行焚劫。」「道光戊申，貴縣之北岸，土客械鬥，殺戮相尋者五年。」「道光二十八年間，桂平金田村黃、譚兩姓因事釀鬥，參加混鬥者中各千餘人。」

土客間的大規模械鬥，為洪秀全發動金田起義提供了有利契機。洪秀全因時而起，因勢而起，發動了金田起義，開創了他的太平天國事業。

一時間，太平天國的骨幹首腦，幾乎全是客家人。洪秀全是從江西上饒輾轉遷徙到廣東花縣的客家；馮雲山是廣東客家；石達開是客家人，祖籍在廣東和平縣；秦日綱是貴縣客家人；胡以晃祖籍江西臨江，是著名的客家大族。除此以外，林鳳祥是廣東揭陽人，蒙得恩、李秀成、陳玉成、黃文金、黃玉琨、鍾芳禮、賴文光……這些太平天國首要幾乎都是客家人。

客家對中國社會尤其是對近現代中國社會影響很大，近現代中國社會的三次大革命——太平天國、辛亥革命、土地革命都與客家息息相關。

當然，一開始，洪秀全也沒有把太平天國搞成客家人王國的意思。他曾寫過一首詩，其中兩句為：「真主為王事事公，客家本地總相同」。但是，出於種種原因，太平天國成事後，軍中一直盛行著濃郁的客家文化，不但以客家話為官方用語，甚至寫詩，寫政要措施、軍令等等，都用客家話的口吻進行。

之所以這麼做，大概有以下兩方面原因：

一、清軍對客家話（尤其是客家話中的雙關語）索解甚難，而太平軍將士幾乎人人會說客家話，用客家話書寫文牘，清軍也不容易搞清實情。

二、太平天國以宗教立國，使用客家話交流和書寫，既可以示異於「清妖」，顯示自己才是傳承了漢魂的正宗漢族人，又可以故作高深、詭異，給人以深不可測之感。

下面錄一首洪天王代「天兄耶穌」用客家話下的聖旨：「天父上主皇上帝曰：眾小媳（洪秀全的

妾），他說爾這樣爾就這樣，說爾那樣爾就那樣，不使得性，不逆得他。逆他就是逆我天父，逆天兄也。」

這可是一道極具太平天國特色的聖旨。

再錄一首洪天王以「天兄耶穌」的口氣用客家話寫的教導詩《天父在平在山教導先嬌姑》：「天父開言清口講，發令易飛木兒房；先說天花嬌為貴，因何無僅逞高張？天父發令為一女，不遵天令亂言題；若是不遵天命者，任從全清貴（洪秀全、楊秀清、蕭朝貴）杖爾。奉天詔命盡勢打，亂言聽者不留情。亂言講者六十起，聽者亦杖六十爾；已醒即道要爾好，不醒反說天父詩。」

這個「先嬌姑」，原名叫做「王先嬌」，因多次改名換姓，後來成為了太平天國裡赫赫有名的「洪宣嬌」！

為什麼會這樣呢？

首先，洪秀全建國卻誓死不肯稱皇帝。洪秀全曾鄭重其事地頒佈詔令，說世人凡人都不配稱皇帝，因為「天下皇帝獨一，天父上主皇上帝是也」，只有上帝才是皇帝，他自己只能做天王，而從前的皇帝王都必須「降職」。他把唐太宗降成「唐太侯」，把梁惠王降成「梁惠相」。

那麼，他自己做了王，就不能允許凡人姓王了，王先嬌被改了姓黃，叫「黃先嬌」。

後來，「黃先嬌」嫁給了燒炭佬蕭朝貴。而蕭朝貴與同為燒炭出身的楊秀清認了乾親，讓老婆「黃先嬌」認楊秀清為幹兄，把「黃」改為「楊」，從此，「黃先嬌」成了「楊先嬌」。

因為在客家話裡「先」、「宣」二字同音，太平天國的窮苦兄弟大多不識字，以訛傳訛，「楊先嬌」又被演繹成了「楊宣嬌」。

洪秀全造反時，楊宣嬌裝神弄鬼，附會洪秀全，說洪秀全是受上帝委派下凡，於是被洪秀全拉為上帝的親生女，成為了耶穌和洪秀全、楊秀清等人的親妹妹，於是，楊宣嬌又變成了洪宣嬌，而蕭朝貴也就變成了「帝婿」。

因為客家話鬧出的誤會除了這一出外，還有一出更搞笑的。

在客家話裡面，「結婚」的「婚」字與「發揮」的「揮」字同音。則太平天國就管「合婚」叫「合揮」，給新郎新娘頒發的結婚證書就叫「合揮」，又稱「龍鳳合揮」。

親歷「天京事變」的歐洲人怎麼敘述太平天國領導層的奢迷生活？

一八五六年，太平天國領導層發生的一次嚴重內訌，東王楊秀清、北王韋昌輝及燕王秦日綱三王被殺，天京城內大面積流血，約兩萬人喪生，翼王石達開出走。

此事，史稱「天京之變」，又稱「天京事變」、「楊韋事件」。

這期間，有兩位在南京生活數月的兩名歐洲人親歷了事變過程，那麼，讓我們通過「在南京生活數月的兩名歐洲人」的敘述來看看，在這場影響晚清局勢的巨變中，天京城內到底發生了什麼，且，在外國人的眼裡，太平天國到底是怎麼回事兒。

鎮江和南京——原始的敘述（有刪節）：

我於一八五六年四月離開上海，四天後到達Glenlyon，泊船於焦山附近。由於此行的目的未能實現，我便想觀察一下叛軍。

於是，我就和一位同伴在揚子江北岸登岸，沿著江岸步行到瓜洲的叛軍炮臺。

進入炮臺後，他們問我們從何處而來，我們答稱來自上海。

他們以為我們還要回去，便送給我們許多他們的書籍。

我們表示願意留在他們中間。

他們聽後似乎十分高興。

當晚就餐時，他們將一張小桌子放在敞開的門處，桌面上擺有三碗飯、三杯茶、三雙筷子，眾人站著唱讚美詩。接著，炮臺的頭目在屋中央的桌前下跪，屋內所有人則跪在他身後，祈禱數語後，焚化祈禱文，不等紙張燒完，便拋向空中。然後眾人起身，僕人搬走門口的小桌，大家一同進餐。在規定眾人禱告的時刻，如有人缺席並且沒有充足的理由，將遭到鞭打。他們在飯後不作感恩禱告，但通常在三頓飯前作同樣的禱告。

由於曾和上海城內的叛軍相處過，我們已對我們的新處境感到失望，並且無疑已流露出幾分鬱悶。此後的兩天接連下雨，我們與鎮江府一時沒有聯繫。

第三天，一名士兵帶來一件大公文，跪呈給炮臺指揮官。後者吩咐我們與這個士兵同去鎮江。到了鎮江府首領面前，我們不得不下跪。首領示意我們起身，問我們從何而來，並問我們是否願意留下。我們答稱從上海而來，願意留下來。他對此似乎感到滿意。

然而，我們留在鎮江的日子無所事事。

一日，一千五百名南京守軍開回南京，行進十英里後因遇到一支龐大的清軍而紮營。鎮江守軍一萬人便同他們會合，與大隊清軍發生遭遇戰（回到上海後，我們才得知這些清軍是由吉爾杭阿親自指揮的，他在這次交戰中被打死，但當時無論在鎮江或者南京都無人知道這一點），我們激戰三天，共逐個攻陷了八座炮臺。

戰鬥結束，司令官（原文作Yeen ting yue，其實應該是Ding ting yue，指秦日綱）問我們是否願意到南京去，並稱將為我們提供馬匹，我們在南京會比較舒適。我們便同意去南京。

三天之後，我們到達南京，從城西距琉璃塔約第三個城門入城。我們身穿中國服裝，通過了第一道門，但在過第二道門時被阻。我們與門衛一同進餐，他讓我們等待允許我們進城的命令。在停留城門期間，我們吸引了不少觀眾，過道上擠滿了過往行人。第二天，第七位（秦日綱，即我們同他一道從鎮江來的那位首領）領我們去見第二王（即第二位，楊秀清）。

我們被事先搜身，任何人不得攜帶武器接近他。他的所有官員，他的妹夫和我們都在他面前下跪；官員們齊念一篇短的祈禱文。他有兩個各為三歲和七歲的男孩，當其中的任何一位出現在街上時，所有的官兵都得立刻下跪；只要他們出現時，連我們也不得不這樣做。有時我們得下跪十分鐘之久。

第二位（楊秀清）問我們是如何打仗的，似乎認為我們僅會使用拳頭。我們便示範給他看，我們不僅會用刀，而且還會使用火器。於是他遞給我們一根棍子，我們便使出渾身解數表演攻守動作。我們告訴他，我們只在喝醉時才用拳頭搏擊，並舉起杯子擺出喝醉的姿勢來表達這層意思。他們讓我們表演了幾招拳術，第二位（楊秀清）覺得很有趣，不禁開懷大笑。他們遞來一支英國手槍讓我射擊，在相距五〇碼的牆上貼了一張紙。我射中了紙的中心。我瞄準時第二位（楊秀清）就站在我的身後，當我開槍時他顯得有些緊張。

第二位（楊秀清）環顧並注視著他的寬大宮殿，問我們的皇帝是否也有與此類似的宮殿，我們當然回答沒有。在他死前逗留南京期間，我們大約見過五〇〇名從事烹飪、做鞋等雜役的婦女。每天早上八點，約有八〇〇—一〇〇〇名穿著體面的女子跪在第二位（楊秀清）的門口聽候吩咐。我們獲悉這些婦女是業已陣亡的那些叛軍的妻子、親戚和朋友，受雇在第二位（楊秀清）的王府裡。

此後的三個多月間，我們在城裡閒逛，在情形許可的範圍內自行娛樂。

該地是如此之大，以至於即使我們離開住所數月也不會被懷疑已離城出走。

有一次，我們看見三個男人和三個女子因私通而被斬首——一位年輕的男子因亂倫被斬首後又被肢解，而這名女子僅被斬首；一名男子因偷竊被斬首。

由於厭倦於無所事事，我們便讓翻譯告訴東王，我們想出城參戰。他勸我們不要憂悶和氣餒，因為他想馬上就和我們交談。但他並沒有找我們談話。

我們最後一次見到他時，他正在一個公共場所作講演。大約有三千名廣東人下跪著。我們聽說他們對出城作戰猶豫不決。

我們注意到在該城的所有地方和所有街道，到處都有婦女；沒有人被限制居住在某一特定的地方。凡是有丈夫的婦女都可以不工作，但所有沒有依靠的婦女都不得不幹各種體力活，諸如搬運磚頭、木料、大米等。

南京城裡的大部分男子都是士兵，他們不做雜務，也不搬運。

第二位的宮殿緊挨著西門，滿城的所有房屋和大部分城牆已被毀。僅有叛軍軍官才可以穿黃色衣服，士兵可以任意穿除此之外的任何顏色的衣服。儘管他們從不剃光頭的前部，但並沒有廢除辮子，仍然將頭髮編成辮子，有時還用紅色和黃色絲綢將辮發紮起來。辮子垂紮在頭後，盤疊在帽子裡。

我們曾兩次看到由紙糊的龍和各種動物的象徵物組成的很長的隊伍。我們的住所距第二位（楊秀清）的宮殿約五十碼，位於街道的對面。

一天早晨約四點左右，我們被炮聲驚醒，一發炮彈就落在我們住所的附近。我們立刻起身，想跑到街上去，但被阻攔住了。街面上排列著許多士兵，禁止任何人離開房屋。

黎明時分，我們出了屋，吃驚地發現滿街都是死屍——我們辨認出這些是第二位（楊秀清）的士兵、下屬官員、司樂、文書和家僕的屍體。我們還看到一具女屍。此時，數千名第五位（韋昌輝）和第七位（秦日綱）的士兵，甚至第二位（楊秀清）的屬下，正在第二位（楊秀清）的宮殿裡搶劫。

我們隨著一群人進了宮殿，發現房間的裝飾並不奢侈。我們曾聽說他的筷子、筆架、印璽和其他幾件小物品都是金制的，他的臉盆是銀的。我們看到他的桌面上有兩個小的金獅子和一個金鐘。在幾個小時內，宮殿被洗劫一空。

第二天，我們到第一位（洪秀全）處來找第七位（秦日綱）（因為他是我們唯一的朋友，是他把我們從鎮江帶到這裡的）。我們的翻譯也在那裡，他將我們的朋友指給我們看，我們驚奇地看到，他們和第五位（韋昌輝）一同跪在第一位（洪秀全）的門前，每個人的脖子都套著鎖鏈，頭裹藍巾。他們並不像犯人一樣被拘禁著。

第一位（洪秀全）的一個女宣詔使出示一塊兩碼半長、半碼寬朱筆書寫的大黃綢，放在他們兩人面前。他倆便讀上面的詔書，許多第二位的官員也擠上去看。詔旨很快就念完了，被遞出來貼在正對第一位（洪秀全）宮殿的牆壁上。第五位（韋昌輝）和第七位（秦日綱）屢次通過這些女宣詔傳遞消息，她們都是大體上還算美麗的廣東女子，傳遞口信時聲音清楚而又沉著，在三十碼處都能聽得見。

傳話間歇期間，第五位（韋昌輝）和第七位（秦日綱）退到一個小屋裡一同商議。最後，兩位宣詔使宣佈他們每人將被責打五百下。隨即有人遞過了五根棍杖，第五位（韋昌輝）和第七位（秦日綱）被自己的軍官帶去受刑。

大約有六千名第二位（楊秀清）的部下無疑已成了囚犯，被關押在第一位（洪秀全）宮殿兩側的兩間大房子裡。

返回第七位（秦日綱）住宅，我們通過翻譯向第七位表示，對他受到杖責深感遺憾。第七位（秦日綱）表示不要緊，並給我們安排了一個臥室，緊挨著第一位（洪秀全）宮殿的大門，對面便是長時間懸掛著第二位（楊秀清）首級的地方。

當天夜間，我們跟著第五位（韋昌輝）和第七位（秦日綱）查看關押那六千人的房子，他倆在窗外察聽，並策劃如何消滅這些人。

次日黎明時分，這些囚室的門窗被打開，幾個炸藥包被扔到這些囚犯當中，出口處則被牢牢看守著。

士兵們衝進了其中的一個囚室，幾乎未遇到什麼抵抗就殺死了所有的囚犯；但在另一個囚室，囚犯們用牆壁和隔牆上的磚塊殊死抵抗了六個多小時才被消滅。

這些囚犯除了被槍擊外，還遭到兩門發射葡萄彈的炮的轟擊。

這些可憐鬼自己脫光了衣服，許多人因氣力衰竭而倒下。

此後，我們進了屋。天啊，場面太恐怖了，有些地方死屍竟重疊了五六層；有的自己吊死，有的被扔進來的炸藥包炸成重傷，這些屍體被拋到一片荒野上，無遮無蓋。

此後，城裡每戶家長都得報告家中所有男女孩童的人數，每個人被發給一塊小木牌，佩戴在胸前，一旦發現第二位（楊秀清）的人就得抓住。

在幾周之內，被抓獲的第二位（楊秀清）的人五人一隊，十人一隊，甚至成百成千地被押到刑場斬首。所有吃過第二位（楊秀清）飯的婦女兒童也都不能倖免。

約在第二位（楊秀清）被殺的六周後，第六位（石達開）和他的部分人馬進了城，趕往第一位（洪秀全）處。

當夜，第六位（石達開）悄悄地集合了他的部隊來到西門，但因未經第五位（韋昌輝）的許可而被拒絕通行。他便殺了門衛，同他的大部分屬下出了城。如果那天夜裡他沒有出城，他就會被斬。不少人也乘機出了城。

第二天早上，全城處於極度的騷動狀態，每個人都攜帶著武器。他們四處出動，欲逮捕第六位（石達開），但不能斷定他走的是哪條路。他們洗劫了他的住宅，殺死了他的妻子和小孩以及夜間沒有出走的他的所有部下。

第二天一早，第七位（秦日綱）派人來叫我們，我們非常擔心他會殺我們，便打算寧願越城而逃也不去見他。我們找到我們的翻譯，讓他向第七位（秦日綱）的一個軍官探聽找我們的目的——原來他只是想知道我們是否已出走。

對第二位（楊秀清）追隨者的屠殺持續了三個月，我們估計約有四萬名成年男女和兒童喪命。

當他們感到心滿意足後，第七位（秦日綱）便率領載有一萬五千人的船隊溯江行駛到蕪湖江岸的新嶺山，我們兩個人也隨同前往。

第七位（秦日綱）奉命回南京。鎮江的第二號頭領帶領五百名手下一同前來，他接掌了對整個部隊的指揮權。

這似乎引起了極大的不滿和不小的牢騷。

第七位（秦日綱）當晚就趕往南京。

在此之前，我們兩名外國人和我們講葡萄牙語和英語的侍童曾過江，來到第六位（石達開）的營地和堡壘，從其部下那裡得知，第七位（秦日綱）因為在南京的暴行，很快將被斬首；他們還相告，第五位（韋昌輝）已被砍了頭，如果我們有什麼危險，可以過江和他們住在一起。

由於第七位（秦日綱）不在，我們便加入了第六位（石達開）的部隊，發現已有一些第七位（秦日綱）的人投奔了第六位（石達開）。

我們想親自面見第六位（石達開），對方便為我們備好轎子。

我們走了約四十英里來到蕪湖，發現那裡駐有六萬—八萬的軍隊。我們沒有見到首領，但他捎口信給我們，表示我們會相安無事，並讓他的一個軍官照看我們。

我們在蕪湖看到第五位（韋昌輝）的一名軍官脖子上套著鎖鏈，還看到第五位的首級被掛在一根杆子上，它是保存在鹽裡從南京送來的。

此前，在我們離開南京期間，第六位（石達開）曾致書第一位（洪秀全），表示如不處死第五位（韋昌輝），他將率部攻取南京。不久就收到了第五位（韋昌輝）的人頭。

我們隨同第六位（石達開）再次返回南京，沒有遇到任何抵抗，城門像第二位被殺前一樣洞開著。

第六位（石達開）對第五（韋昌輝）、第七（秦日綱）和第八位（胡以晃）的死感到滿意，但並不準備殺死他們的任何一位手下，僅要求將從他家中搶去的對象（事發於他匆匆離城的那天夜間）歸還給他，已搶劫者也不予追究。

對第二位（楊秀清）屬下的屠殺持續了三個月。在此期間，他們中止了一切宗教活動。在此後我們外出征戰時依舊如此。但當我們回到南京後，他們已恢復了宗教活動，像往常那樣舉行宗教儀式。我們見到第二位（楊秀清）王府中的五百名婦女均被斬首。

我無法說出南京居住著多少人，街道上總是擠滿了士兵，儘管已有不少人被殺，卻讓人覺察不出。

外國人眼中的太平天國幹王洪仁玕

從嚴格意義上來說，太平天國只是一個軍事集團，缺乏完整的政治體系，算不上一個獨立的政權。以前的中學歷史教材，為了突出這場運動的正義性，總是在其所頒佈的以解決土地問題為中心的改革方案《天朝田畝制度》和施政方針《資政新篇》兩項上大做文章。

其實，《天朝田畝制度》也好，《資政新篇》也罷，都是脫離了實際的烏托邦式的幻想，在太平天國建國長達十三年的時間裡，太平天國的領導人從來都沒想過怎麼去將之變成現實，或者想過，但沒有誰努力過。

「天京事變」後，太平天國外則強敵壓境，內則「政渙人散」，已進入了暮氣沉沉的垂暮階段。而就在這一時期，洪秀全的族弟洪仁玕從香港潛入天京，教材上說他擔當了改革弊政、振興天國的重任，撰寫出了《資政新篇》，對政治、法律、經濟、文化思想和社會風俗等各方面進行順應時勢的改革。

這一說法，其實是頗具諷刺意義的。

先讓我們來看看在處於中立立場上海英國領事館翻譯富禮賜的眼中，洪仁玕到底是怎麼樣的一個人吧。

富禮賜曾到過天京，並登門拜訪過洪仁玕，寫了一篇小短文載於一八六一年六月二十九日的《北華捷報》，富禮賜是這樣記述的：

現在，我們要去幹王洪仁玕那裡吃中餐。他或許是與太平天國運動有關的最為知名的人物。他瞭解外國人，凡辦理與外國人有關的事，他總是處在最前面，遭到他的不少西方朋友的不合情理的評論。因此，在認識他之前，我時常對他抱有同情態度，我多次見過幹王，願意談一談我對他的總體看法。數月前，幹王告訴我，他即將去安徽傳播太平。他這樣做了，而外國船所看到的他的事業的標誌卻是冒煙和燃燒的村莊。據此，我們難道不可以說他是「一道燃燒和閃耀的光」嗎？

在到達油漆和鍍金氣味濃烈的王府時，我看到街道兩邊有兩個小亭子，裡面有兩班樂師無休止地奏出不和諧的聲音，有時很低沉，好像是為了不打擾你；有時聲調又極高，使你受不了。

進府門向右，經過幾處骯髒的庭院，你就來到一排又髒又暗的房子，那裡是「六部」的所在地。有時可以看見這些屋子裡有一些小工，其中較大的一間約莫有三四個抄寫手在黃紙上寫個不停——「六部」的全部工作可能就是由這些人來做的。

到了前門，一個臉色蒼白、全身穿黃的小男孩會過來伸出小手與你握手，口說「早安」——如果他認識你的話。他就是幹王的獨子，一個可愛的孩子。他有自己的王冠和封號：幹嗣君。他懂得擺起架子對僕人說話，要他們唯命是從。

現在，大門打開了，裡面身穿盛裝坐在大堂內的就是幹王。他的侍從衣飾整齊，站在他身邊。你進來時，他會同你握手，用英語說「你好！」並請你就座。我應該這樣說，幹王約四十五歲，比較胖，有一副開朗、十分快活的容貌。他是位非常令人愉快的夥伴，能喝一杯葡萄酒，如果需要，他還能用刀叉吃一頓西餐。我必須承認，他是我所見過的中國人中最開明的一位。他熟悉地理，還懂得機械工程，承認西方文明的優越性，藏有各種科目的有圖版的參考書。他慷慨，極願做善事。

遺憾的是，他懶惰，因而不能不辭勞苦地將他的理論付諸實踐。他不是軍人，經常出征的各王對他常年留在京城非常妒忌。他甚至不得不帶兵出征，但把事情搞得一團糟，在得到「洋鬼子」在南京提出過分的無禮要求的消息後，就從前線返回。

他對我說他痛恨戰爭，並力圖在出征中使戰爭的恐怖減少到最低程度；不過他又說（幹王是很尊重事實的）：「但是，不可否認，這是一場生死搏鬥，咸豐的軍隊不曾對我們的人表現出同情和憐憫，作為報復，我們的人也決不會同情和憐憫他們。但我指揮的軍隊從不無故殺戮鄉民。」他還暗示我所知道的情況屬實，這就是，如果上海道台的腦子裡有這樣的觀念，即寬大逃跑的太平軍而不是立即命令處決，那麼，穩定前線的太平軍將會是件很困難的事。

就餐時，他會告訴你他在推行改革時所不得不面對的眾多困難；天王如何不正視現實，專注於宗教，以及諸王如何不尊重他的權威。事實上，太平天國中央的權威是出不了天京城多遠的。我不禁喜歡起幹王來，我經常為一些令人不快的事去拜訪他，一旦事情辦妥，他便友好率直如初。

現在我得向他道別，祝願他順利擺脫因改革而引起其他首領敵視的困難處境。他的志向被他的疏懶抵消了。中國人往往使自己發展成為自大和天生喜好隱瞞與欺詐的人，這幾乎可以立刻從幹王的直率坦白中看出來。倘若太平天國均由這類人組成，那麼中國很快將會是他們的天下。但不幸的是，幹王在南京諸王中是獨一無二的人物。他是基督教的堅定信徒，但仍使信仰遷就於他自己的獨特習慣。他的自大破壞了他的經驗理應帶給他的智慧，四面八方紛至遝來的對他的庸俗諂媚，不可避免地會產生影響。

我要說，侍奉幹王的是女性，但我必須否認某種源於別的管道的暗示，即以為這些女子全都楚

> 楚動人年輕貌美，或在王府中除了做僕役之外，還幹別的什麼。大體來說，我可能比其他任何英國人更多地見過幹王和太平天國成員，因此我所說的還是有幾分可信的。

從富禮賜這段文字來看，洪仁玕是一位非常令人愉快的夥伴，圓胖、開朗、快活、開明、慷慨，極願做善事。

但缺點也很明顯：懶惰，不能不辭勞苦地將他的理論付諸實踐。

以至於富禮賜在離開幹王府時還再次重述說：「他的志向被他的疏懶抵消了。」

這麼懶惰的人、這麼喜歡享受的人，你能相信他有實施《資政新篇》裡面那些條條框框的誠意嗎？

那麼，洪仁玕的缺點僅僅是懶惰嗎？

不是的，洪仁玕的缺點還有很多，比如說：殘暴。

讓我們再來看看美國牧師羅孝全對洪仁玕的記述和評價。

羅孝全是香港的傳教士，曾援助過逃難到香港的洪仁玕。一八六〇年，羅孝全進入天京後，被洪秀全封為「義爵」，以協助洪仁玕辦理一切對外事務，可以說，是比較瞭解洪仁玕為人的了。下面，是羅孝全逃離天京後發表於一八六二年二月四日《北華捷報》的一篇短文：

> 由於我曾經在一八四七年做過洪秀全的宗教導師，因此，我希望他地位的提高將會有益於中國的宗教、商業和政治。迄今為止，我作為一名傳教士持之以恆所能做到的而論，我一直是他的革命運動的朋友，始終在言行上支持這場運動，從未損害過自己作為基督使徒的高貴身分。

但在他們中間生活了十五個月以後，通過貼身觀察他們在政治、商業和宗教上的行為，我的態度完全轉變了。我現在反對他們的程度並不亞於當初我支持他們的程度，而且我認為我有充足的理由這麼做。我並非單純從個人的角度反對洪秀全，他一直對我非常和善。但我相信他是一個狂人，沒有任何有組織的政府，根本不配做一個統治者；他和他的苦力出身的諸王，沒有能力組建起一個政府，甚至無法組建一個像衰老的清政府那樣帶給人民同樣利益的政府。

他性情暴躁，將他的暴怒重重地發洩到人民的頭上，使一個男子或婦女「因為一句話便成為罪犯」，未經「法官或陪審團」審判，就下令將其立即處死。他反對商業。自從我來到南京以來，他已經處決了十餘名下屬，其罪名僅僅是在城內經商；每當外國人設法在該城他們中間建立合法的商業（無論是城裡還是城外）時，他總是當即斷然拒絕。他的宗教自由和眾多的教堂變成了鬧劇——不但對傳播基督教毫無益處，而且比無用更壞。它充其量不過是用來推廣和傳播他自己的政治宗教的擺設，使他自己和耶穌基督平起平坐，耶穌基督、天父上帝、他本人和他的兒子，構成主宰一切的一體的主！

倘若任何外國傳教士不相信他的這種崇高平等地位是上帝賜封的，並且拒絕相應地宣傳他的政治宗教，那麼，此人在叛軍中的生命、僕人和財產的安全就會得不到保障。

我來到南京不久，他便對我說，假如我不信奉他，我就會死去，就像猶太人因為不信奉救世主而滅亡一樣。

但是，當時我萬萬沒有想到，我會像幾天前所經歷的那樣，在他的京城被他手下一個惡魔的刀劍逼到死亡的邊緣。

幹王，在他苦力出身的兄長（在香港實際上是一名苦力）和魔鬼的鼓動下，對無所不在的上帝毫不畏懼，竟然在本月十三日（星期一）闖進我的住所，在其時其地恣意妄為，惡意畢露，當著我的面，蓄意手持大刀殺死了我的一個僕人，事先未作片刻警告，也沒有說明任何正當的理由。在手刃了我那和善而又無助的可憐的僕人後，他簡直就像惡魔一樣在死者的頭上跳躍，並用他的腳踩死者的頭；儘管我從他剛開始行兇起，就極為懇切地哀求他饒恕我那可憐僕人的性命。

不僅如此，他還用他所能想到的一切手段來侮辱我本人，企圖讓我在被激怒的情況下幹出或說出什麼，從而使他找到一個藉口，像殺死親愛的僕人（我像對待自己的兒子一樣喜歡他）那樣殺死我。我當時是這麼想的，現在我仍然這麼想。

他猛然向我撲來，以瘋子般的狂暴，抽走了我所坐的凳子，將一杯茶的殘渣猛潑在我的臉上，揪住我的身體拼命地推搡，用他張開的手打在我的右臉上。隨後，想到自己是耶穌基督的使者，於是我便遵照基督的教誨，將左臉轉了過去，結果他用右手在我的左臉上打了一記更為響亮的巴掌，使我的耳朵再一次嗡嗡作響。此時，眼看不能激怒我在言語或行動上冒犯他，他似乎變得更加蠻橫，像狗一樣地向我猛撲過來，勒令我從他的面前滾開。

「假如他們在綠樹成陰的時節尚且幹出這些事情來，那麼，到了枯萎時節，他們又會幹出什麼呢？」——如果不是天王的寵信之人，而是作為一名傳教士或商人，誰又能自信會在他們中間倖存下來呢？

值此時刻，我對在他們當中取得傳教的成功感到絕望，或者說對這場運動會帶來任何好的結果（宗教、商業或政治上）感到絕望，於是我決意離開他們，並於一八六二年一月二十日（星期一）

這麼做了。

附記：幹王似乎不僅想做一名兇手，而且還想充當一個強盜。他拒絕讓我取走我的物品、衣服、書籍和日記。儘管我已苦等了十天，並就此同他和其他人通信交涉過，但他仍然扣下所有的東西；我兩手空空地被打發走了，以至於我連禦寒保暖的足夠的衣服都沒有。更為惡劣的是，他拒絕行個方便，放我的兩個僕人和一名助理牧師出城，隨我返回他們各處的家。他還一直與城裡的其他一些人醞釀各種陰謀，謀略讓我返回城裡，其用意無非是想把我囚禁起來，或者將我處死——他們如此處置我，但卻又找不到我冒犯他們的任何正當理由；他們同樣也沒有助理牧師和僕人冒犯他們的任何正當理由。縱然是那些最麻木的嗜食人肉的未開化之人，也不會幹出比這更為殘忍和卑鄙的事情來。

（寫於「狐狸」號汽船，一八六二年一月三十日）

讀完兩位外國人對洪仁玕的記述，我們再來大致瞭解一下洪仁玕本人的生平。

洪仁玕出生於一八二二年，是洪秀全同高祖的族弟，比洪秀全小六歲，愛讀書，卻和洪秀全一樣，累試不第。

在洪秀全癡迷上了宣傳基督教義的小冊子《勸世良言》，並開始「拜上帝」時，洪仁玕就和馮雲山最先成為了拜上帝的信徒。

洪秀全和馮雲山到外地宣傳教義、吸收教徒。洪仁玕就在家鄉苦口婆心地給鄉親講解「崇拜獨立真神皇上帝」、「拜上帝不拜邪神」的教義，遭到了父兄的棍責，差點被逐出家門。

洪秀全、馮雲山毀掉了孔子的牌位，不容於鄉裡，被迫遠走廣西。洪仁玕原本想跟隨的，卻受阻於家人的禁錮，未能同行。

道光二十五年（一八四五年）冬洪秀全回到了鄉裡，說要尋訪外國教士受洗入教、指點迷津，洪仁玕便陪同他到廣州美國浸禮會教士羅孝全處「研究聖經」，請求受洗禮。當時，羅孝全覺得洪秀全是有意曲解教義，入教懷有不可告人的目的，屬於居心叵測，拒絕給其施洗。洪秀全悻悻而回，和馮雲山在花縣密謀起義大計。

道光二十九年五月（一八四九年六月）洪秀全和馮雲山同往廣西桂平縣紫荊山，準備舉事。洪仁玕積極籌措路費，但因家人阻擾，同樣未能同行。

道光三十年（一八五〇年），起義在即，洪秀全派江隆昌等人回花縣接家人、族人及鄉親前往紫荊山。洪仁玕因友人強留，仍未能成行。

這一年，洪仁玕還參加科舉考試，毫無意外地，又落第了。

改年，金田起義，洪仁玕大喜，召集了洪、馮家族及教徒約五〇人，屁顛屁顛地趕往廣西上，但到達潯州（今桂平縣）時，太平軍已移營北去。

沒奈何，洪仁玕只好解散部眾，自己只帶了三個人繼續追尋洪秀全的行蹤，遇上嚴密搜捕的清軍，只好中途折回。

僅僅兩個月之後，又攜馮雲山的長子前往廣西再尋族兄洪秀全，哪料清軍查拿更嚴，又只好中途折返。

咸豐二年（一八五二年），洪秀全鬧出的動靜越來越大，清廷派人到廣東洪秀全家裡捉拿洪氏族人，洪仁玕被迫逃亡香港。

在香港，洪仁玕與瑞典教士韓山文結識，詳述洪秀全創拜上帝會及起義經過，由韓山文以英文寫成《太平天國起義記》。洪仁玕則撰寫了《洪秀全來歷》一文。

在韓山文的關照下，洪仁玕受韓山文洗禮，任倫敦佈道會牧師，為西方傳教士教授漢文。

咸豐四年春（一八五四年春），洪仁玕聽說族兄在南京定都，改南京為天京，大喜過望，立即離香港到上海，企圖前往天京，因蘇、常一帶水陸兩路清軍稽查甚嚴，無法通過。

為此，洪仁玕多番求助於外國傳教士和小刀會領袖，始終沒有結果。

洪仁玕無奈，只好返回香港。在船上，寫一首詩，頗堪玩味：

船帆如箭鬥狂濤，風力相隨志更豪。
海作疆場波作陣，浪翻星月影麾旄。
雄驅島嶼飛千里，怒戰貔貅走六鼇。
四日凱旋欣奏績，軍聲十方尚嘈嘈。

咸豐八年五月（一八五八年六月）洪仁玕懷著奔向美好日子的夢想，再次離港北上，經廣東、江西、湖北、安徽，輾轉跋涉，終於在咸豐九年三月二十日（一八五九年四月二十二日）到達天京。

洪仁玕的突然出現，讓洪秀全驚喜若狂，在二〇天內就加封了三次，四月初九日（五月十一日），更封為「精忠軍師頂天扶朝綱幹王」，總理朝政。

也就在這段時間裡，洪仁玕寫出了誇誇其談的《資政新篇》，但寫好後，卻束之高閣，並未能付諸實施。

和族兄洪秀全一樣，洪仁玕也在天京過起了養尊處優的醉生夢死的生活來。

天京失陷後，洪仁玕先走廣德，後至湖州，再入江西，往西上湖北，最後在廣昌、石城之交的古嶺與清軍作了最後一搏，全軍潰散。

洪仁玕被執後，表現得比李秀成、石達開還要硬氣，在供詞（即《洪仁玕自述》）中表達了決心效法文天祥的忠義之舉，要以身殉國。又作有《絕命詩》，裡面有「臨終有一語，言之心欣慰，天國雖傾滅，他日必複生。」之句。

一個普通平民眼中的太平軍

太平天國運動已經過去一百多年了，關於這場運動，有人將之捧上了天，說是偉大的農民起義，是中國近代史上的一場民族革命；也有人將之踹下了地，說純粹就是一場亂民暴動，是中國近代史上的一場災難。

具體情況到底是怎麼樣的呢？

真可說是公說公有理，婆說婆有理。

在太平天國運動的中末期，有一個時年十七歲、名叫趙雨村的河南商城農莊讀書人被太平天國英王陳玉成的部下所擄獲，以中立者的身分，把寫下了自己的親身見聞錄《被擄紀略》（又名《刀口餘生》），通過這個見聞錄，也許，我們能夠瞭解一個更為真實的太平天國。

下面，就讓我們用心平氣和的心態來讀這篇文章（為方便讀者閱讀，編者稍稍做了一些譯改）：

咸豐十一年七月廿四日，白雀園有一個姓彭的親戚派人送信來我家，說有長毛賊已經到了光山，可能會繼續向東走，務必趁早躲避。

家裡人看了信，都覺得天下承平已久，說法不足為不信，即使外省混亂，也不至於禍及本縣。但為保萬一，還是把家眷送往蛟龍寨麓隱蔽。一直過了大半夜，並無動靜。

然而，天色欲曉時分，不斷有人跑回來，一時間，如山崩水湧，人哭牛鳴，不堪言狀。

轉瞬間，就有大隊騎兵、步兵撐著紅旗黑旗，從我家門前經過。

我出門往東奔走，卻遇到了賊兵，被捉拿住。

隨賊軍隊伍行走，晚間，到了鐘鋪街，找旅館住宿，找飯店吃飯。

夜裡，賊兵皆用酒洗腳，唯有一人舉止文雅，雖然洗足，卻不用酒。

此人對我說：「你怎麼不早跑？這是大劫，就是當今皇帝遇上了都沒辦法。」

未到半夜，賊又煮飯吃，豬皆剝皮，同雞鴨合煮而食。

吃飯時，頗有規矩。

飯熟叫我吃，真是吃不進。

賊兵說：「你不吃，你想變妖。」

賊兵吃了飯，便將新擄來的人用一大竹筒，將竹節打通，髮辮接一長繩，貫入竹筒，抵到髮辮根，手足都皆捆綁住。

夜裡睡覺，蚊聲如雷，真是生來未受之罪。

一個來自老河口的進士悄聲對我說，他姓戴名鶴齡，號松喬，因出京到四川至湖南被太平軍所擄。他說：「這裡規矩要知道，不要著急，著急也是無益。」

我問他，咱們這是要去哪兒，答：「這是因為安徽被官兵圍困，甚是緊急，英王陳玉成原先調小左隊馬融和大人、亶天義王陳玉龍、亮天義藍得功三人，一人守德安府，一人守棗陽，一人守隨州，現在全部退出，援救安徽，三隊共兩萬餘人。」

我問戴先生：「英王是何人？」

戴先生大為驚訝：「英王這樣的大人物你猶不知道？你亦知湖北省會，安徽省會，浙江、江蘇省會，都是誰攻破的嗎？全都是此人所破。此人威名震天地，是天朝第一個好角色。」

次日至金岡台腳下住宿。走得足跛腿疼，真是不能忍受。戴先生再三慰勸。賊兵中與戴先生交好的很多，都是賊首中好的。

到了楊桃嶺，賊兵見新擄掠來的人不能行走，就斬殺了很多。

我暗自歎息：「我不久也將成為刀下之鬼了。」

從這天起，天天看見殺人。

到了麻埠，河水細流，竹樹密茂。部隊在街上歇腳吃飯。

眾飯店的飯已經煮熟，客人尚未來得及吃，看見賊來，發一聲喊，全跑了。

沿路挑擔逃難的，遍地可見，婦女特別多。

有賊兵呼喊：「年幼娘們，請在大路邊坐著，萬不要緊。」

賊兵內部有軍規，很嚴，大部隊不敢行姦淫事，所有行姦淫事的都是小分隊。不過，沒和賊兵接觸過的人，是不可能知道的。

在麻埠吃過飯，天色將晚，飯館內五十餘人，突然皆現驚惶之色，不知何事。

忽然，賊內頭目曹大人與戴先生咬耳。

良久，我問戴先生，發生了什麼事？

戴先生小聲回答說：「有土匪。」賊人所說的土匪，其實是清朝的團練兵。

曹大人每晚必到馬融和、陳玉龍、藍得功三位大人處聽令。這晚回來，就對手下說：「你趕緊吩咐眾弟兄，精隊扯出街，牌尾（老弱殘兵稱牌尾）不出街。若遇土匪來，東頭為誘兵，不許對敵，南邊埋伏，西北兩面抄，切切勿違。」

至夜，半炮聲震天，喊聲遍地，過一時只聞「殺呀！」天明，消息傳來，說，曹大人敗了。

次日牌尾前行，大部隊在後。

從這日起，日夜戒嚴。

至舒城縣（縣內賊已安居多年）南，見有營壘三個，賊離半里許，忽叫不許走，說：「大人有令，我們走此，妖不放槍，不必煩他；若放槍豎旗，定將營盤搓了他。」

另有賊兵說：「此係張得勝部下，何足懼他？」

到了營外，果然放槍。牌尾皆撤在東，而大隊掩至，不動聲色，轉瞬圍定三營，嚴密不漏。只聽營內營外放槍，相持足足兩個時辰。

營內忽放連珠槍三次，賊大隊一齊發喊，奔至營濠溝外埂伏下。

賊又放一排槍，即大聲呼喊著湧到營垛，連放火彈，將營燒毀，殺人大半，餘皆被擒。

賊內有人罵道：「妖魔鬼，敢與老子抗衡！全不知兵，他竟說他是兵家；妖朝之敗，皆由於此。」

又有賊兵說：「要說多妖頭（多隆阿）和鮑妖頭（鮑超）還令人佩服；勝小孩（勝保）即如類。」

行至三河，各莊村安排都井井有條。

賊眾皆守規矩，絕不胡亂生事。

有當地士人與賊人語：「現有畢成天已投妖了，手下有人五萬餘，所以他也不來接大人駕。」

這晚，賊兵頭目二十餘人，都到了館內，長噓短歎。說是安徽已經失守，雖說還沒有正式文字書信通知，但傳言十有八九不假，只能在這兒守候英王安排了。何況，英王已有文書要求大家在三河等待命令。

諸頭目散後，後半夜時分，忽聞喊聲連天，愈聞愈近，館內人皆越牆而走。

我由館門奔出，只見一根長錨向我亂捅，有人大叫：「殺！殺！殺！」

我的身體被刀傷二三十處，錨傷十六處，刀傷皆見骨，昏死不知人事。

不知過了多久，隱隱聽到人說：「你被土匪砍了，他們再要回馬槍，你就沒命了。」我睜目仰視，一女老人家，左手攜筐，右手拄杖，立於面前，說：「快起！與我一路。」

我回視自己，遍體皆血，也不覺疼。隨女老人家匍匐而行，至一小路，二面皆有豆秧，走盡，水中一土墩，葦草甚深。女老人家用杖指曰：「你就在此，可以不死。」

我昏沉沉地睡了一日，第二日醒來，日已過午。耳聞賊兵到處尋人，有人說：「有一新傢伙，全無蹤跡。」

又有人說：「總是殺了滾到圍溝去了。」

更有人說：「滾到圍溝了就會漂出來。」

說著就有數人來至葦墩，發現我已受傷，就搖頭說：「你想變妖（投靠清兵），他要殺你啊！

起來，我送你回去。」一人扯著我走，一人執刀在後跟著。不一會，遇上倚馬而立的曹大人，對那執刀的賊兵說：「你就是會殺這樣的人，那土匪你怎不殺？可惡。」轉即對我說：「你也是好人家子弟，看傷養得好否？傷如不好，也是命定了；如能養好，豈不是一條性命。」

戴先生見我受傷，歎息說：「斯文同骨肉。我屢次勸你自家保重，自古及今，幾見大器，不受磨折，如不能受，皆棄材也。」言罷向曹大人道：「此人若死，可惜可惜。」

賊兵遂將我背負回館內。

我一死四日，僅有遊氣。所賴戴君加意調養，即使至親骨肉，也不過如此。

一日，英王調遣部隊前往桐城青草隔駐紮。

曹大人、戴先生都對我說：「你傷雖有半月，未知好歹如何。我們大隊一走，你可往買賣街上去，有人問你傷，你就說是土匪偷營砍的，必有人收留你，因隊內正要用讀書人。」給了我一床行李，讓我背著。

我自思如果傷不能好，又無地安置，當真是生不如死。

大隊開拔，前往買賣街。正值天下微雨，我坐在石磴上。忽見八人騎馬，揚鞭疾行，一人在馬上指著我問：「你是讀書人嗎？」我答：是。那人回頭對另外七人說：「叫他到我館內去。」

那七人帶我至一公館，公館官銜條書為「順天福黃公館」。

我一入公館，裡面的人見我遍身血痕，腥臭不堪，全都掩耳叫道：「大人從哪找這個死傢伙來。」

正在說著，有三個妖嬈婦人探頭探腦出來看，見了我，驚呼道：「活活的地下夾壞了，趕緊送出去。」

七人中有人說：「此係大人叫來的。」

於是三婦人命他們送我到馬棚。

我問這三婦人的來歷，說是黃大人真人。

晚上，黃大人回館坐下，門口即報「朱大人拜會」。隨即見朱大人聲勢烜赫，帶著十幾個隨從進來了。

黃大人迎至院中，笑道：「病傢伙有救了。」

客廳坐了片刻，有人來叫我說：「大人叫你。」

馬棚的馬夫名叫小立，悄悄對我說：「朱大人是妖朝道台，醫道絕高，在天朝一派行好，你好好求求他，你傷不患不好。」

至客廳，黃大人指著我對朱大人說：「就是這個。」

朱大人問我籍貫，我一一告知。

朱大人歎道：「商城係河南絕好地方，文風甚好。你何一砍至此？」隨看手股傷口，說：「怕不能好，骨頭皆砍碎了。」

黃大人說：「好在年幼，朱大人做件好事吧。」

朱大人於是命人燒水一鍋，用細茶泡透，半溫，將衣脫去，傷處皆洗，先將爛肉洗淨，以出血為度。

我這時才感覺到痛，痛幾至死。

洗過將包內藥瓶取出，約有二十餘瓶，隨即按傷上藥，藥已上完，傷猶有未上到者。朱大人臨行道說：「藥上後傷口發癢，你就容易好；否則難治。」藥上後，過一時果然癢甚。

第三日朱大人複來，見了我身上的傷痕，喜道：「可以不死矣。」又帶藥數十瓶，交給我說：「你若不遇我，爛也爛死了。我這藥皆是各省會上好藥鋪揀選出來，加以炮製，真是萬金難買。只要有命，無不起死回生。」

又將受傷處皆上藥，藥之香氣，合公館皆聞之，雖馬糞堆積亦不聞其臭矣。

朱大人對黃大人說：「你武館子全不知敬重讀書的人，你那個受傷的，何能甘居人下，你又無人伺候，不如叫到我館內，與他調治好了，也是救一性命。好了，再送與你。」

黃大人大喜過望，讓我到朱大人館去。

到了朱大人館，便將衣服都換，尋思剃頭梳辮，但終日未梳開，發為血結，發內又受有傷，到底不能梳好。

朱大人起居不凡，心境與眾不同。一日對我說，他是江蘇吳縣人，也是世家子弟。二十一歲點翰林，放兩任學使，一任主考。後放廣西潯州府知府，任滿，即過班道，請假回籍修墓，被賊兵擄掠。一家被殺了三十餘口，弟兄三人，僅剩下他一人未殺。

朱大人歎道：「做官本宜盡忠，至於子女死盡，未免傷心，故留身以待將來。」勸告我說：「你記我的話，人生一世，功名富貴，皆屬身外；窮通壽夭，亦有分定。有君子，有小人。若是君子，不怕他窮困無聊，須以君子待之；若是小人，不怕他是公侯將相，須以小人待之。然此又宜皮裹春秋，處之不宜，又易招禍，人總宜無虧心，生死不必問。我的話，雖迂闊，改朝換地，也不能更改。」

我度量他的品學心術，以及待我的恩德，真如再生之父母。

每日傷處上藥，又熬膏藥一料，貼於患處。

到了十月初旬，黄大人調往廬州府，叫我與他同行。

這時傷已大愈，僅有腿上矛傷數處，紮之過深，未愈。

臨行前，我跪謝朱大人。

朱大人說：「不必不必，此不過行其心之所安而已。」又說：「我的相面術很高明，看你亦不在刧中，萬不至玉石俱焚，乘機應變可也。」

跟隨黄大人到了丙子鋪，聽人說英王已到了廬州府。

大隊兵馬直走了七日，才見到英王。

河內炮船塞河，上下十里許，如履平地；陸路數十里跪道。只見英王騎一白馬，遍身皆黄。

我問眾人：「這騎馬的是何人？」

眾人答道：「英王。」

我始知英雄自有真也。

晚上，我問黄大人：「英王帶有多少人？」

答：「一百廿四萬，未算新擄之數。」又說：「破湖北，破九江，破江西各府州縣，破江蘇、安徽，合計州縣一百五十餘處。生平有三樣好處：第一愛讀書的人，第二愛百姓，第三不好色。」

一日，黃大人自廬州回館，對我說：「今日有英殿工部尚書（凡封王皆有六部）汪大人，托我薦掌書令（辦筆墨稱掌書令），我已薦你到他館內。他那文館子，比我這武館子強之百倍。」

於是，跟隨黃大人到汪館。

只見館內金碧輝煌，堂上一呼，堂下百諾，頗有氣勢。

走入到第四層，裡面的字畫擺列，極是不俗。

略坐片刻，有人大聲呼：「大人下來了。」

汪大人舉止頗儒雅，問我係何處人，何日進營，從何到黃大人館內。

我一一告知，並對黃大人說：「不死有天幸焉。」

正談話間，忽來一老先生，鶴髮童顏，貿然問道：「你是商城人麼？你商城我到過，我與黃秋江友善，黃秋江坐商城，我去看他，好地方。你怎麼著這些妻孫龜種裏來了？」

汪大人說：「老先生請進去！」

老先生聽也不聽，只顧自說自話，並說他是李欽差鶴人的奏摺師爺，說是「李欽差被擒，我亦裏來了。你不曉得長髮者，一寸頭髮一寸金，你新來不怕是王孫公子，他都欺你。你在這館，有我不怕的。」說完方進去。

朱大人送黃大人走後，便喊當差將我安置與老先生同屋。

我竊思老先生慷慨直爽，其人必可親可近。

果然，和他一談言語投機，性情契合，諸事照應，無微不至。

館內架上各營冊結，始知成此大事，良非易易，雖云天意，亦由人事之能盡。天朝稱太平天國。官銜正途，由天燕升天侯，由天侯升天豫，天豫升天福，天福升天安，天安升天義，天義升朝將，朝將升天將，天將封王。凡王位皆有六部、九卿、同檢、指揮、檢點、丞相、聖糧，各典司。英王官銜：欽命文衡正總裁天朝九門御林忠勇羽林軍英王祿千歲陳玉成，統帶一百二十四萬。

英王自帶中隊活擒大欽差四位。李欽差鶴人，雖說被擒，賊內無人不佩服，即便是英王，也經常稱讚說：「忠肝義膽，不易之人才也。惜用人未免疏忽耳。」

賊兵稱勝宮保，名「小孩」，蓋以勝宮保帶兵為兒戲。

最為奇怪的是，勝宮保與英王見一仗，敗一仗，共見四十餘仗，皆敗北。英王之猖獗由此，清朝之挫銳氣亦由此。朝廷用人，非易易矣。

迷亂於風塵，淹沒於亂世的女狀元

太平天國初期的參與者大多數都是泥腿子，像洪秀全和楊秀清等人雖然也認得粗識文字，但寫的東西全都狗屁不通。所以，當太平天國的事業稍有規模，就迫不及待地開科取士，極力招攬知識份子入夥，以填補人才缺口。

一八五六年十月四日《華北先驅報》三二二號上就赫然刊登一文，說：「有安慶居民云：他們得安慶後，即開科取士，按舊名冊迫令士子赴考」。

不過，太平天國以反孔為口號，其所擬考題既與四書五經無關，要求考生在答題時也不得引四書五經的內容。如此一來，應試模式陡然改變，很多飽學之事無法適應，因此無從發揮。而讓人大跌眼鏡的是，主持考試的泥腿子洪秀全和楊秀清等人，肚裡本來就沒有多少墨水，所出的題目往往都是什麼「真神獨一皇上帝」、「皇上帝乃真皇帝」、「四海之內有東王」等等，讓人無所適從。最後，只有那些真研讀過太平天國出版物諸如《天理要論》、《天情道理書》、《原道救世歌》、《舊遺詔》、《新遺詔》、《天父天兄下凡詔書》等等天主書的人，充分運用那些出版物上的語句進行阿諛吹捧、拍馬屁、捧臭腳，才得以順利錄取。

徐珂所編的《清稗類鈔》中就記，洪秀全據金陵十三年，開科取士有好幾次，每次考三場。有一年，第一場的題目是「天父七日造成山海頌」，「天王東王操心勞力贍養世人功德巍巍論」。第二場的題目是

「立整綱常醒世莫教天光鬼迷解，天父為奸生理人論」。第三場最熱鬧，考場內外結燈結彩，中堂供奉香花寶燭，上面懸掛一個巨大的耶穌十字架，題目是「四海之內皆東土，真道豈與世道相同論」。

該年，常熟一個姓龐的考生順利通過了考試，該考生回憶，他所寫的內容「大抵稱頌天主天王功德為不可及」。

另一個麻城縣的考生奪魁，洪秀全當天賜宴，宴間，出了一個上聯。該考生所對下聯為：「三皇不為皇，五帝不為帝，我主方是真皇帝。」洪秀全喜得鬍子翹上天，當場拍板，要將自己的女兒相贈，是楊秀清力勸，才阻止了這門親事。

不過，來應考的考生也有一些是不情願的、被迫著來的，心情既悲憤，看了那些公開求贊的題目，氣就不打一處來。有一個名叫鄭之僑的考生，看到「四海之內皆東土」的題目，憤怒至極，作詩痛詆，詩云：

> 四海皆清土，安容鼠輩狂。
> 人皆思北闕，世忽有東王。

楊秀清讀了這首詩，渾身的血管都要氣爆炸了，命人將鄭之僑捉住，大卸八塊。

除了中榜者的春風得意和抗考者的血腥被殺外，科考中，也有許多豔色事件。

比如說，江西吉安府人卜應期參加廷試，洪秀全的義妹宣嬌在帷幕後偷窺，看小夥子長得俊俏，就芳心可哥，授意洪秀全賜卜應期以探花。洪秀全含笑答應，欽點卜應期為廷試第三名，教他去向天妹謝恩。卜應期如言往覲。

洪宣嬌樂不可支，笑靨如花，挽長袖，舒玉臂，輕輕扶起卜應期，語帶嬌羞地說：「吾願時時見汝。」

從此，卜應期專內廷供事，水到渠成地與洪宣嬌私通。

洪宣嬌權勢熏天，丈夫李紹深敢怒不敢言，只好睜一隻眼閉一隻眼，含恨戴上綠帽子。

洪秀全的內廷女官傅善祥，是楊秀清的小妾，也喜歡卜應期，假稱天王有事，召卜應期入宮，輕而易舉地俘獲了卜應期。

洪宣嬌後來雖知，卻噤不敢聲。

由此，卜應期一人坐擁兩美，更迭為歡。

天京被破時，卜應期被曾國荃的部將蕭孚泗俘獲，獻上擊斷九洑洲糧道的妙計，得授副將。

這裡重點說一說傅善祥。

清四川敘州知州汪堃在《盾鼻隨聞錄》中記：「賊令女百長逐館搜查，凡識字女子概令考試，以江寧人傅善祥為女狀元，又女榜眼鐘姓、女探花林姓，均取入偽府授女掌簿偽職，林姓三日即自盡。」

自稱曾為太平天國贊王蒙得恩幕僚的沈懋良在《江南春夢庵筆記》中記得更明確：「癸醜嘗試女試，以傅善祥、鐘秀英、林麗花為鼎甲。傅善祥上元書吏之女，自願應該者；鐘即鐘芳禮所掠之女，林即林鳳祥所掠之女，皆非本姓也。發女榜後，俱入偽宮，隔數日發還，並傳其父謝恩，人咸悔之。」

清代筆記《太平天國野史》甚至把傅善祥應考的試題還記錄了下來，說：「太平朝既開科舉，複舉行考試女子之典，正主試為洪宣嬌，副主試為張婉如、王自珍。婉如皖人。自珍鄂人。題為『惟女子與小人為難養也』全章，應試者二百餘人。金陵傅槐女善祥所作獨力辟難養之說，引古來賢女內助之功。卷薦後為天王所激賞，拔置為第一，飾以花冠錦服，鼓吹遊街三日。閭閻群呼為女狀元，第二名為鐘氏，第三名為林氏。」

另一清代筆記《太平天國軼聞》也記：「粵賊踞金陵時，既脅令士子應試，又考試女子，取傅善祥為狀元，鐘氏為榜眼，林氏為探花。招入偽府，令掌簿司批答以獻媚，得諸逆歡。」

◆◇◆◇◆◇

由以上種種記載來看，傅善祥，就是中國封建社會第一次破開荒考女子試錄取出的女狀元！

雖然說這唯一的一次女子考試並不屬於太平天國的正式開科取士，且在太平天國文書、時人筆記及太平天國後期專論科舉的《欽定士階條例》並無記載，而羅爾綱、羅文起等人又大力證明過沈懋良《江南春夢庵筆記》是一部大偽書，所言「都不可信」，酈純也指責「汪堃著述品德惡劣，所寫《盾鼻隨聞錄》一書，任意虛構捏造」，但傅善祥還真稱得上中國古代獨一無二的女狀元。

無怪時人有詩稱「棘闈先設女科場，女狀元稱傅善祥」！

一開始，這女狀元的生活過得還是不錯的，不過，後來的命運很悲慘。

《金陵癸甲紀事略》中記：「有傅善祥者，金陵人，二十餘歲，自恃其才。東賊聞之，選入偽府，凡賊文書，皆歸批判，頗當賊意。」

《太平天國文鈔》中的「女丞相傅善祥」中也記：「繼入楊秀清府主簿書批判事，封恩賞丞相」。

也就是說，傅善祥得到了楊秀清的重用，擔任了女丞相。傅善祥本人也在「上東王書」中洋洋自得地稱「以女流忝口異數平章……特膺宰輔之權」。但，這是以特徵色相為代價才謀取到了權利。

傅善祥仗著自己年輕貌美，又得楊秀清專寵，「漸乃恃寵而驕，箋牌或弗當，輒肆批罵」，罵太平天國諸首領是豬狗白癡，最終觸動了楊秀清的神經。

不久，楊秀清以傅善祥吸食黃煙為罪，逮之枷於女館示眾。所幸危急關頭，傅善祥腦子還算清醒，給楊秀清寫信服軟，備極哀憐，終於免得一死，從此迷亂於風塵，淹沒於亂世，不知所蹤。

太平天國「老黃忠」，腦袋懸掛於營門，清軍不敢目視

天下承平之日，大家生活在同一狀態之下，見面嘻嘻哈哈，很難分得出哪些會是梟雄，哪些會是庸夫。

當時逢亂世，一旦機緣適合，那些潛伏在民間的梟雄就會趁世而起，見龍在野，振耀一時，做出一番震駭人心的事業。

廣西桂平人曾天養算得上這樣的梟雄人物。

洪秀全發起金田起義時，曾天養已六十餘歲，這樣一把年紀，如果不是投身起義洪流之中，估計只會在原有生活軌道上默默無聞地直至老死。

曾天養長得深目長髯，身材雄偉，一上戰場，就表現得極其剽悍絕倫，有老將黃忠遺風，軍中號稱驍將。洪秀全因之授其御林侍衛。

出廣西，曾天養單獨帶領一支部隊為大軍前鋒，所向無敵。

洪秀全定鼎天京之後，曾天養先升殿左九指揮，旋升殿左一檢點，隨後升秋官又正丞相，與胡以晃、賴漢英等人西征。

該年秋，曾天養在田家鎮大破清軍，威震千里長江，然後回軍攻克廬州，迫得清軍大將江忠源跳水自殺，震驚清廷上下。

改年，曾天養會同韋俊、林紹璋攻克黃州，清湖廣總督吳文熔自殺死。曾天養乘勝南下，橫行於武昌、大冶、咸寧、嘉魚、蒲圻、通城，進入湖南，又下岳州、常德、澧州。可謂攻無不克，戰無不勝。

但林紹璋在湘潭為曾國藩所敗，死傷一萬多人，倉皇退走。湖南境內只有曾天養一支孤軍留守岳州。

曾國藩帶湘軍水陸三路出湘，分別在新牆、君山、雷公湖遭曾天養所拒，屢攻不下。畢竟岳州兵少，曾天養考慮再三，果然撤出了岳州，駐守武昌外圍城陵。

曾國藩進迫城陵，調登州鎮總兵陳輝龍、湘軍水師將領褚汝航、廣東遊擊沙鎮邦同時進攻曾天養。當時刮南風，曾天養居上游，水急風順，船行如飛，先命令小股船隊吸引陳輝龍進入城陵水面狹窄的地方，然後從後面放火攻擊。

此戰，陳輝龍和褚汝航雙雙戰死，清軍水師喪膽逃遁。陳輝龍是綠營猛將、褚汝航是湘軍水師的創始人之一，兩人和彭玉麟、楊載福齊名，同時陣亡，湘軍元氣大傷。

曾天養得勝後，帶三千人從城陵磯登岸，打算扼險紮營。就在這時，曾國藩陸軍大將塔齊布率軍掩到。

曾天養看見湘軍出現，擔心一旦湘軍全師到齊之後難以撼動，就想先擊敗塔齊布，挫敗湘軍的銳氣。他單身衝入敵陣，直取塔齊布，大聲叱說：「塔妖！我來要爾命！」挺矛直刺，中塔齊布坐馬，抽矛再刺，用力過猛，失足翻倒，清兵擁至，死在敵人亂刀下。

曾天養的死對西征的太平軍士氣影響極大，石達開命令三軍為曾天養戴了六天的孝。且從此之後，太平軍再也沒有能力進兵湖南。

清軍這邊，曾國藩興高采烈地向清廷奏報說：「十八日卯刻（一八五四年八月十一日），臣塔齊布親督陸營出隊，適逆匪三千餘人，由城陵磯舍舟登岸，思欲踞險紮營並分三股來撲。我軍亦分三股迎剿。臣塔齊布匹馬當先，兵勇奮力猛進，陣斬悍賊十餘名。該逆猶抵死抗拒，中軍參將玉山將自製火箭親點數支，延燒賊隊。賊勢稍卻，突有滿發長髯大賊目，身穿青綢短衫，急起來犯，戮傷臣塔齊布坐馬。兵丁黃明魁用矛刺翻該逆，回矛相向，致傷右肋。眾兵一擁向前，登時砍斃。當奪大黃旗一杆，上書『秋官右正丞相』字樣。賊喪頭目，始行潰逃。」

又說：「至十八日一戰，當逆焰方張之會，立挫凶鋒，人心大定」，「曾天養歿後，脅從者始敢逃散，數以萬計，該匪關係賊勢盛衰！」

隨後，「清軍戮其元（即斬下曾天養的腦袋），重十餘斤，懸之營門，目光炯炯，六日猶視。清軍懼不敢過其下，乃齋醮而掩之。」

石達開受剮刑神威不倒，五歲幼子，含笑隨父死

石達開是太平天國中最富於傳奇色彩、最富於人格魅力、最悲情、也最壯麗的人物。與他同時代的人，無論是友是敵，都對他欽佩萬分。

比如太平天國忠王李秀成，他談及太平天國各王才能優劣時，「皆雲中中，而獨服石王，言其謀略甚深」。

英王陳玉成則認為太平軍將領「皆非將才，獨馮雲山石達開差可耳」。

石達開的死對頭曾國藩說「查賊渠以石為最悍，其誑煽莠民，張大聲勢，亦以石為最譎」。

另一個死對頭左宗棠也說「（石達開）狡悍著聞，素得群賊之心，其才智諸賊之上，而觀其所為，頗以結人心，求人才為急，不甚附會邪教俚說，是賊之宗主而我之所畏忌也」。

最終殺害石達開的駱秉章說「（石達開）能以狡黠收拾人心，又能以凶威鈐制其眾」，是「首惡中最狡悍善戰」。

就連外國人——美國傳教士麥高文也在他的通訊中這樣稱讚石達開：「這位青年領袖，作為目前太平軍的中堅人物，各種報導都把他描述成為英雄俠義的——勇敢無畏，正直耿介，無可非議，可以說是太平軍中的培雅得（法國著名將領和民族英雄）。」

一句話，論及文治武功、氣魄膽識、修為胸襟、知人善任、氣節品德等各方面的綜合才能，石達開可

以說是世之楚翹、一時無兩。

洪秀全、馮雲山在紫荊山區密謀起事時，石達開還是一個十六歲的少年，卻以深謀遠略、崇俠義、重然諾，名聲遠播。洪秀全、馮雲山等人求之若渴，三顧茅廬，一而再、再而三地登門拜訪，極力邀請他出山。

於是，一八五一年一月十一日，洪秀全在金田村「恭祝萬壽起義，正號太平天國元年」時，石達開率領四千餘名家鄉子弟趕赴金田團營，赫然成為了首義七功臣之一。

同年三月，洪秀全在武宣東鄉稱天王，建立了軍師和五軍主將制度，石達開為左軍主將，獨當一面，成為了方面軍領袖。十二月，永安封王，石達開以左軍主將封翼王，「羽翼天朝」，稱五千歲，成為了太平天國中年紀最輕，也最具軍事才能的王者。

永安突圍北上，太平軍挺進兩湖，石達開終肩負前敵指揮重任，攻城奪鎮，橫行於湖南、湖北、江西、安徽、江蘇等省，「所到披靡，未嘗稍挫，清軍號之曰石敢當」。

一八五二年攻打湖南長沙，西王蕭朝貴陣亡，太平軍一度陷入清軍反包圍之中，前景不妙。危急關頭，石達開率部西渡湘江，開闢河西基地，緩解了太平軍的缺糧之危，又多次擊敗進犯之敵，取得「水陸洲大捷」，重挫清軍士氣。

此後，石達開為全軍先導，經河西安全撤軍，跳出反包圍圈，奪岳陽，占武漢，順流而東，直搗江南重鎮南京，二十八天挺進一千二百里，勢如破竹。

一八五三年三月十九日，石達開督軍攻佔南京外城，陣斬兩江總督陸建瀛。第二天攻破內城，殺死江寧將軍祥厚。

隨即，太平天國入主南京，改名為天京，建都。

石達開在天京的翼王府殿堂內寫有一副對聯，云：

翼戴著鴻猷，合四海之人民齊歸掌握；

王威馳駿譽，率萬方之黎庶盡入版圖。

此聯，將石達開開創雄圖霸業之志向彰顯無餘。

一八五三年秋，石達開奉命出鎮安慶，穩紮穩打，攻克清安徽臨時省會廬州（今合肥），迫使守城名將江忠源兵敗自盡。

一八五四年夏秋，太平軍在西征戰場上失利，一潰千里。

正所謂滄海橫流，方顯英雄本色。

一八五五年初，石達開毅然出任西征軍主帥，親赴前敵指揮，固守九江，於湖口兩次大敗湘軍。老本基本輸光的湘軍統帥曾國藩自感世界末日已到，絕望之下，投水自盡——如果不是被部下救起，以後的歷史發展，誰勝誰負，還真不好說。

這年秋天，石達開又揮師江西，四個月內連下七府四十七縣，士氣大盛。

一八五六年三月，石達開再次在江西大敗湘軍，將曾國藩牢牢鎖死在南昌城內。曾國藩已經到了生命的倒計時。

六月，石達開抽空回師天京，擊潰了清軍江南大營，一舉解除了威脅天京長達三年之久的肘腋之患。

隨後，石達開又回到武昌城外洪山督師，專意困死曾國藩。

然而，這年九月，「天京事變」爆發，東王楊秀清及其部下二萬餘人被殺害，北王韋昌輝總攬了天京軍政大權。

石達開聞變，從湖北趕回天京，原意是調停內部爭端，卻差點被害，所幸見機得快，連夜縋城而逃。但，他那一家住在天京的家小全被北王韋昌輝殺得乾乾淨淨。

韋昌輝派兵追趕石達開，洪秀全也下詔懸重賞購石達開的首級。

石達開回到安慶，即起兵討韋，「以肅清君側」。石達開「上奏於天王，要求韋昌輝之頭」，並且宣稱：「如不得其頭，即班師回朝攻滅天京。」

洪秀全迫於形勢，處死韋昌輝，將其首級專程函送到石達開手裡，並貶之為「北孽」，詔令石達開回京輔政。

石達開回天京，合朝文武「喜其義氣，推為義王」。

洪秀全見石達開深得人心，心生疑忌，對石達開百般牽制，並意圖加害。

有人提醒石達開說：「王得軍心，何鬱鬱受人制？中原不易圖，曷入川作玄德成鼎足之業？」

不得已，石達開離京避禍，先後轉戰於浙江、江西、湖南、廣西、貴州、雲南、四川等地。

一八六三年春，石達開兵分三路，從雲貴邊界進攻四川。

一八六三年五月，太平軍到達大渡河，打造、徵購船筏，準備次日渡河。

可是天公不作美，當晚天降大雨，河水暴漲，無法行船。

僅僅三日之後，清軍就圍聚在石達開一軍四周，布成合擊之勢。而大渡河出現了百年不遇洪水，石達開多次搶渡不成，糧草用盡，陷入絕境。

六月九日，清軍大舉進攻石達開大營，石達開率殘部七八千人東向突圍，奔至老鴉漩，輜重盡失，進退失據。當天夜裡，太平軍「饑甚，覓食無所得，有相殺噬人肉者，達開莫能禁。」

在這種情況下，四川總督駱秉章乘機遣使勸降。

石達開「見大勢已去」，仰天長歎，寫信給四川總督駱秉章，希望以個人自刎和俱令將士「棄械投誠」為條件，來換取自己將士的一條生路。

六月十三日，石達開攜五歲的幼子石定忠和部下曾仕和、黃再忠、韋普成等人輕騎前往洗馬姑與清軍「訂盟」。

清軍設伏於涼橋，將石達開俘獲。

被俘後的石達開做了一份供狀，對自己的一生做了簡略的回顧，並對自己「出降」做了詳細的解釋：「欲由貴州邊界繞入川境，達開即率眾渡金江，經寧遠，恐大路有官兵攔阻，改走西邊小路，只要搶過大渡河，即可安心前進。不料走至紫打地土司地方，探看上下河岸皆有官兵，河水忽漲，那些夷人三面時來搶擄，造船紮筏渡幾次，均被北岸官兵擊沉，傷了一萬多人，後來食盡，死亡無數。達開正欲投河自盡，因想真投誠，或可僥倖免死，達開想救眾人，俱令棄械投誠。達開率領黃再忠等三人並兒子石定忠過河到唐總兵營內，其尚未渡河眾人，不知如何下落。」

注意，這份《石達開自述》並不是石達開自己寫的自述，而是清廷官吏將根據對石達開的審訊筆錄中的部分內容寫成的供詞，並且做了大量刪節、大量篡改，已非原汁原味的東西。饒是這樣，我們仍可以看得出，清軍口口聲聲所說的石達開「出降」，其實是石達開是想以自己一死來換取三國將士的性命。

此舉，可謂光明磊落、義薄雲天。

石達開走進清營見了四川總督駱秉章的第一句話就是：「吾來乞死，兼為士卒請命！」

這哪是什麼「出降」?!

真實情況是，自石達開踏入清營那一日起，駱秉章等人就不遺餘力、苦口婆心地進行了長時間的說勸降工作。

而石達開始終「詞氣不亢不卑，不作搖尾乞憐之語」。

四川總督駱秉章和成都將軍完顏崇實一起會審了石達開四次，每次都勸降。另外，朱詒孫、唐友耕、許培身等人又多次到關押石達開的臬台監獄勸降，所有的勸降都失效。

晚清文豪王闓運的弟子費行簡（費行簡的父親是駱秉章的幕僚，其本人也與唐友耕劉蓉等人的親友多有接觸）在《石達開在川陷敵及其被害的事實》一文裡記載有這五次會審過程。

每次受訊，石達開皆盤坐地上，從未下跪，被害時亦然。

第一次審問：

崇實問：是否想步蜀漢後塵，偏安於蜀地？石達開未予理會。

駱秉章問及太平軍情形及對其將來成敗的看法。

石達開起初亦未做答，駱秉章再三追問，石達開遂反問道：「譬如今日之局勢，北有撚軍，陝西，甘肅，雲南有回民義軍，別處尚有苗族義師和眾多鋌而走險者，諸公自忖能斬盡殺絕嗎？（駱秉章點頭答以「難，難」）如此興衰大事，成敗自有天理，你我都很難說。」

第二次審問：

駱秉章對石達開說，如願歸降，不但死罪可免，還可以先授一武職，立功後即可超升。並且說，「你不見唐提督麼？（指唐友耕），他投誠不到六年，已經官至一品，他的部下眾多副將，參將，遊擊，都是當初的盜賊。你的學識及一切都高於唐友耕，本朝深仁厚澤，從不殺降，你切不要自暴自棄，失此機會。」

石達開答：「我舊部將士尚有五百人，均是久共患難，不與他們商議，我不能獨自決定。請先讓唐友耕送他們前來成都相見，再做決議。」

崇實：五百人這麼多，怎麼能都來成都？

石達開：五百人你就嫌多了，然則我所部成千上萬將士，又置他們於何處？

駱秉章這才明白，石達開是故意揶揄，暗含譏諷，見崇實還想與石達開爭辯，忙示意他不要再駁了。於是另外說了幾句不相干的話，便匆匆退堂。

第三次，劉蓉，楊重雅代訊：

當時石達開已經知道兩千餘部在大樹堡被殺之事，因此詞氣極是強硬，說「駱秉章不是說「本朝從不殺降」的麼？而今又如何？天下有本事推翻滿清的人多得很，不一定非要我石達開不可！」

楊重雅欲與之辯，石達開竟拂袖而起，二人只好命人將石達開送出。

後來得知洩露此事的是按察司司獄張某，此人原是金陵人，曾與原文作者見過面。據他說，太平軍在金陵不事焚掠，遠勝湘軍，極不忍心見翼王之死。

第四次審問：

崇實：「你可知道，官軍已經收復甦州杭州，江寧指日可下，從此不但四川太平，天下亦太平亦。」

石達開：「我所朝夕禱祝的，便是天下太平。蘇州的事，我聽說也是靠了殺降成功的，而且還借助了洋人。」

駱秉章：「邀洋人的事，我曾經致書恭親王勸阻過，可惜無用。」

石達開：「那麼大樹堡之事，你又做何解釋？」

駱秉章含糊答之，又問石達開是否經過雲南，是否去過大理。

石達開答沒去過大理，只和杜文秀通過信。

朱詒孫奉駱秉章之命對石達開勸降，將石達開送歸後連稱晦氣，自謂「降未勸成，反大討沒趣。」人問其故，答說：「石達開對我講，「昔日曾與你在湖南見過面，但迄今尚不知道你是哪裡人？」我說是揚州人。他就問我，「你讀過「（揚州）《十日記》」嗎？這不是當面罵我嗎？直到他走了，我臉上還覺得發燒。」（注：揚州口音那麼特別，石達開肯定早就聽出他是揚州人了，因為不想就勸降之事與他多費脣舌，才故意拿這話把他堵回去，讓他勸降的話說不出口去。而此人竟慮不及此，挨罵實屬活該！）

一八六三年六月二十七日，駱秉章等人看石達開意志堅定，又生怕節外生枝、夜長夢多，會同成都將軍完顏崇實的「六百里馳奏」說，「謹援陳玉成之例，當即恭請王命，將石達開極刑處死。其子石定忠，現年五歲，例應監禁，俟及歲時照例辦理。」

得到駱秉章的奏報，清廷於一八六三年七月八日傳旨：「石達開勿庸檻送京師，即在四川省凌遲處死，並傳首滋事地方示眾」。

得到朝廷聖旨的駱秉章如釋重負，決定於七月二十八日凌遲處死石達開等四人。

時任四川省城成都保甲總局提調的周之翰目睹了石達開一行的受刑全部過程，將該過程詳詳細細地描述給了兒子周詢，周詢因此在《蜀海叢談》一書中記錄下了翼王石達開波瀾壯闊一生中的最後一段時光：

> 就死之日，成都將軍為崇實與駱文忠同坐督署大堂，司道以次合城文武咸在。石及兩王蹐堂，為設三拜墊於堂下。三人者皆跏趺坐墊上。其頭巾及靴褂皆黃緞為之。惟石之頭巾上，加繡五色花。兩王則否。蓋即章制之等威也。清制，將軍位在總督之右，駱故讓崇先問。崇語音低，不辯作何語。只見石昂頭怒目視，崇頓氣沮語塞。駱始言曰，石某今日就戮，為汝想，亦殊值得。計起事以來，蹂躪數省，我方封疆大吏，死汝手者三人。今以一死完結，抑何所恨。石笑曰，是俗所謂成則為王，敗則為寇。今生你殺我，安知來世我不殺汝耶。遂就梆。石下階，步略緩，兩王仍左右侍立，且曰，「仍主帥先行。」石始放步先行。是時先太守甫戳取來川，充成都保甲總局提調，所目睹

也。石之死處，在成都城內上蓮花街督標箭道。三人自就綁至刑場，均神氣湛然，無一毫畏縮態。且係以凌遲極性處死，至死均默默無聲，真奇男子也。

歷史學家任乃強先生則在《記石達開被擒就死記》中記：「石王與曾仕和對縛於十字樁上。行刑人分持利刃，先剜額頭皮，上掩雙目，次剜雙腕。曾文弱，不勝其楚，慘呼。石徐止之曰：『何遂不能忍此須臾？當念我輩得彼，亦已如此，可耳。』曾遂切唇無聲。凡百餘刀，剜全體殆遍。初流血，嗣僅淡血，最後僅滴黃水。刑終，氣早絕矣。」

費行簡在《石達開在川陷敵及其被害的事實》一文裡還提到一個細節：駱秉章在審問石達開時，曾提及石達開五歲的兒子石定忠：「現你帶來之幼子，聽說很聰明，你儘管放心，我決不准誰加害。」另外又在《關於石達開幼子石定忠的下落》中補充：石定忠僅死於其父後數日。謂稱石達開被送上刑場前，石達開對唐友耕說：「我盼望的就是這一天，而今如願了。論打仗你我是仇敵，論朋友則不異於兄弟。前回你們收去的文件，要毀則毀，可留者留，留著後人當《列國》、《三國》看，也可以知道我多少事蹟。定忠自然沒有活路，望你將他與我葬於一處。」又稱「定忠不見其父，日夜啼哭，楊重雅建議，以布包石灰堵口鼻壓斃之，未斃前禁卒謝福以實告之。他問：『我死可見父乎？』謝說，『正好見於天上。』他遂破啼為，笑指所佩玉牌高謝曰：『此我生日天王送的，你們不要拿去。』被害時頃刻即死，死後聞葬於慶雲庵旁，但亦不能確指其處。」

高鼻碧眼的大清四品翎頂將軍，到底是英雄還是流氓

清末亂世，堪稱一個風雲變幻、光怪陸離的大舞臺，在這個舞臺上，處處充斥著形形色色的良臣、名將、盜賊、義士、軍閥、野心家、造反家的身影，此外，還時時活躍著許許多多藍眼睛、高鼻樑的外國人。

這些外國人中，有一個人不得不提。

此人不但加入了中國國籍，做了中國女婿，被歸化成了「華籍美人」或「美裔華人」，還當上了大清四品翎頂將軍。

在美國，他被美國國民稱頌為一個為中國而獻身的國際主義者，一個時代的英雄。美國記者阿本德為他了傳記，稱他是「西方來的戰神」（The God from the West）。

而在中國，他曾被推崇備至，後又被澈底醜化，被說成美國流氓、劊子手和殖民主義者。

這個人就是「洋槍隊」的創造者華爾。

華爾的全名是費雷德瑞克・湯森得・華爾（Frederick Townsend Ward），一八三一年十一月出生於美國麻塞諸塞州薩勒姆鎮。華爾的父親是一個商船船主，華爾很小的時候就喜歡跟隨父親、或商船裡的水手出海，養成了喜愛冒險、勇於進取的性格。

華爾在諾維奇大學肄業後，接受了一些基礎軍事訓練，並到中南美洲及墨西哥從事冒險活動。後來投入法國軍隊，任尉官，參加過克里米亞戰爭。

太平天國攪得南中國山河動盪之際，富於冒險精神的華爾毅然決然地來華尋找建功立業的機會。一八六〇年春，華爾來到了上海，在清軍水師炮船「孔夫子號」（Confucius）擔任大副。「孔夫子號」產自美國，原本屬於上海銀錢業工會，專業為銀莊護送銀兩，在國難當頭，被政府徵用。由此，華爾結識了「泰記銀號」的經理楊坊。

自從太平天國定都天京後，勢力越來越大，在擊潰了清軍江南大營後，乘勝東征，連克丹陽、常州等地，進逼上海。

楊坊等中國銀莊老闆們非常緊張，擔心自己打造的商業帝國陷落到太平軍手裡，考慮到清軍的作戰能力欠佳，而在第一次鴉片戰爭中洋人所表現出來的兇悍戰鬥力讓他們記憶深刻，所以，私下裡有意籌組一支由洋人組成的雇傭軍以保衛上海。

華爾得知，立即大包大攬，聲稱由自己完全可以負責招募外籍士兵，並擔任統領，親自訓練以及指揮作戰。

此事又得到了清朝蘇松太道吳煦的支持。

於是，雙方達成了協定：由華爾招募外籍士兵成立一支洋槍隊對太平軍作戰，而由吳煦、楊坊負責供應軍械、及每月一百至六百美元不等軍費，另外，華爾每攻下一個太平軍佔領的城鎮，就可以得到從四萬五千美元到十三萬多美元不等的「賞金」。

華爾是個實幹家，說幹就幹，馬上大張旗鼓地招兵買馬。

上海附近有幾百艘外國商船和軍艦停靠，商船上的水手和軍艦上的兵痞聽說美國人華爾招募部隊，薪水可觀，紛紛前來加入。

華爾很快就募集了一支由清一色洋人組成的雇傭軍，大概三百多人，擔任副領隊的是美籍軍人法爾思德（E.Ferester）、白齊文（H.A・Burgevine）。

六月二日，華爾率領這支剛剛成立的洋槍隊前往攻打太平軍佔領下的松江。

對於這次進攻，華爾自信滿滿。畢竟，他的部隊裝備齊全，使用的是當時世界上最為先進的武器彈藥，而太平軍的兵器還停留在原始的大刀長矛階段。

然而，戰爭的結果卻讓華爾大吃一驚。

很多太平軍將士都是血海刀山中趟過來的，可謂身經百戰，兩下一交手，華爾手下這群烏合之眾就被打得四散奔走、潰不成軍。

華爾狼狽不堪地逃回到上海，一清點人數，暈了，三百多人，逃回來的不足一百人！

負責提供軍火與薪餉支援的中國銀行業商人們大感失望。

華爾也感到無地自容。

有意思的是，那些生活在上海的洋人不但不為同類華爾的失敗為羞，反而幸災樂禍，取笑華爾不自量力。

面對失敗，華爾沒有放棄，反而更加認準了自己的選擇，繼續向中國商人要槍要資金，以圖東山再起。

華爾的表現雖說令人失望，但上海的危情的確讓人揪心，沒辦法，中國商人們只能再出銀子讓這個洋冒險家做第二次嘗試。

這次，華爾改變了思想策略，招募的人員重於品質而不重數量，將很多意志不夠堅定的人淘汰掉，重新組織了一支五百多人的新「洋槍隊」，其中大部分成員是來自菲律賓的水手。

一八六〇年七月十六日，華爾率領著他的「洋槍隊」再次攻打松江城。

這次，太平軍傷亡了大約五百多人，抵擋不住，棄城而逃。

洋槍隊一湧而入松江城，搶掠了無數金銀財寶。

這還不算，按照合同，清政府和上海商人還必須獎勵華爾白銀三萬兩。

這麼一來，洋槍隊上上下下全發達了。

洋槍隊也將松江開闢成為了自己的基地。

華爾的大名一下子傳遍了上海洋人世界，原先那些譏笑他的人笑不起來了，其中的很多人轉變了態度，前來報名，爭著搶著要加入華爾的「洋槍隊」。

本著選優汰劣原則，華爾又招收了大量優秀從業人員。

這些從業人員之所以「優秀」，是因為他們本身就是正規軍的士兵。

英國和法國都有軍隊駐守在上海，這些軍隊裡的士兵經受不起華爾開出的高薪誘惑，紛紛跳槽到了華爾軍中。

上海的英國和法國當局不樂意了，一致指責華爾是個騙子，要聯合逮捕他。

華爾雖然有所覺察，但他並不打算停止自己的做法，因為，他正準備進攻下一個太平軍所佔據的城市——青浦，需要更多的兵員。

八月二日，在擴充足兵源後，華爾集結起自己的洋槍隊，大舉進攻青浦。

讓華爾萬萬沒有料到的是，在青浦，他遇到了一個強硬的對手——曾為英國皇家步兵團上尉的英國人薩維治（Savage）。

薩維治現在是太平軍李秀成的手下，帶領有一萬多人把守青浦。最致命的是，這一萬多人都配備了精良的武器，其中不乏從洋人手中購買的新式槍炮。

孫子兵法說，知彼知己，百戰不殆。

華爾既不知彼也不知己，後果很嚴重。戰爭才開始，他就為他的冒失付出了代價：一顆子彈從他左下顎穿過右臉，滿臉開花。

洋槍隊被打得丟盔棄甲，死傷了三四百人，所有大炮、軍火以及炮船均被太平軍俘獲。

華爾狼狽不堪地逃回松江城，傷口感染，患了瘧疾，不得不先到上海療傷，再轉往巴黎養傷。

華爾在巴黎養傷期間，太平軍順利收復了松江，並開始進攻上海的西門和南門。

駐守上海的英、法軍隊為了維護既得利益，只好配合清軍以攻為守，從水陸兩方猛擊太平軍。

有趣的是，英法在上海的軍隊與清軍是站在同一戰壕的戰友，但這兩國組成的聯軍卻又猛攻北京，迫走咸豐皇帝，火燒了圓明園。

當真是亂得天昏地黑、不可開交。

八月十八日，進攻上海的太平軍被英、法聯軍所敗。

八月二十日，太平軍再攻上海又敗，李秀成面頰受傷，太平軍從上海前線撤退，李秀成開始籌畫西征事宜。

洋槍隊乘機複占松江。

一八六一年一月，英國水師提督何伯（J．Hope）乘船上駛天京，與太平天國當局達成了「在一年內太平軍不干涉長江商業，同時也不以任何方式進攻上海」的協定。

上海的戰事遂暫時趨於沉寂。

華爾傷癒回滬後，鑒於洋槍隊在作戰中損失慘重，華爾為補充兵員，繼續擴軍。他聘外籍軍人為教練，以招募中國人為主，將兵額擴充至千人，士兵一律穿青呢服，小袖短衣。以新式洋槍洋炮為武器，另有輪船一艘以供運輸及作戰之用。士兵每人「月給銀八餅（元）五角」，遠比清軍薪餉為高。所以，有不少清兵往投華爾。

英國水師提督何伯忍無可忍，於五月十九日親自帶領四艘登陸艇，滿載著英國海軍陸戰隊員，氣勢洶洶前往洋槍隊的基地松江，聲稱要抓捕軍隊裡的逃兵。

洋槍隊的士兵們多是一群亡命之徒，手裡端著先進的武器裝備，哪肯輕易給何伯入城？雙方弩張劍拔，衝突一觸即發。

華爾表現得很男人，聽說何伯來了，二話不說，喝令部下們放下武器，打開松江城門，迎接英軍進城。何伯入了城，就手腳麻利地找出了二十九名英國逃兵，連同華爾，一同逮捕而去。

洋槍隊看見首領被捉，喊打喊殺，流血事件隨時會發生。

何伯將教唆犯華爾交給美國駐上海總領事館審理。

審判於五月二十一日舉行，英國軍方控告華爾非法捲入戰爭，破壞中立，並且誘惑和煽動軍事人員擅離職守。

面對這些指控，華爾不慌不忙，一口否認了該法庭的管轄權。他說，他早已不是美國公民了，而是「大清帝國的臣民」。

華爾的紅口白牙當然不能讓英國公訴人和美國領事相信，但參加旁聽的中國代表隨即向法庭呈交了一份清朝總理衙門的文件，上面明確無誤地表明，華爾已經放棄美國國籍，加入中國國籍。

美國領事傻了眼，只好宣佈當場釋放。

楊坊為了慶祝這次外交上的勝利且激勵華爾日後在戰場上的鬥志，以邱家灣裡倉沈氏宅作為華爾的「公館」，以女妻之，和華爾結成了翁婿之誼。

一八六二年春，洋槍隊已發展到五千人左右，且有水陸新式技術裝備。清政府正式下令把洋槍隊改名為「常勝軍」，昇華爾為副將。

特別要說明的是，美國正在進行南北內戰，以至華爾不得不時常關注祖國時局的發展，時刻準備著回應祖國的召喚。

又因為英國方面支持美國南方邦聯，英美兩國持續緊張，則華爾就成為了遠東地區唯一可以抗衡英軍的美國人。

一八六一年十一月七日，一艘運載名為「特倫特號」（Trent）的英國郵輪被美國北方軍隊的軍艦「聖亞辛托號」（San Jacinto）攔截了，原因是「特倫特號」上運載著兩名美國南方邦聯的代表，而這兩名代表之所以出現在「特倫特號」上，是他們正在前往歐洲定購武器以對付北方軍隊。

消息傳出，英美之間的局勢驟然緊張。

英國已經著手準備戰爭，將一支滿載八千人的龐大艦隊開進了加拿大。

美國方面即指令華爾帶領他的洋槍隊隨時向駐紮在上海、長崎等地的英國艦隊發動襲擊。

老實說，華爾的洋槍隊背後有中國政府撐腰，占盡了天時地利的優勢，英國人還是相當忌憚的。

一時間，上海的上空，戰雲密佈。

不過，因為美國總統林肯的妥協，英美雙方的戰爭最終沒有打起，而燃點起戰火的卻是太平軍。

一八六二年一月七日，太平軍第二次進攻上海。

這種情況下，上海的英軍和華爾的洋槍隊不但前嫌盡釋，還聯合上了法國軍隊，還有清朝軍隊，為共同守衛上海站在了一起。

一八六二年一月三十日，華爾洋槍隊將從青浦開往松江的太平軍擊退。

二月五日，華爾在天馬山、辰山設伏，再破來自嘉興的太平軍。

二月十日，華爾又在廣富林、天馬山、陳坊橋等地連敗李秀成部，打傷打死太平軍損近二千餘人。

二月二十一日，華爾洋槍隊約六百人、英法聯軍約五百人、清軍數千名，四國軍隊會攻距上海不遠的高橋。

戰前，華爾偕英國水師提督何伯「假扮西洋打獵商人，親入賊巢，察看周圍形勢」，盡得太平軍虛實。

戰鬥開始，華爾「首先衝入高橋」，「冒煙直進」，所部大隊繼之，「以洋炮連環轟擊」，將太平軍擊潰。

二月二十七日，華爾複同何伯由閔行渡江，窺探偵察浦南要地蕭塘鎮的太平軍營壘。

三月一日，四國聯軍發動進攻，華爾揮軍從左翼入攻，何伯率軍從右翼進擊，槍炮齊發，彈落如雨，一舉攻下蕭塘。

此戰，洋槍隊傷亡五十餘人，華爾本人「疊受槍傷七處」。於是江蘇巡撫薛煥保奏，賞以華爾參將銜。洋槍隊因累次獲勝，亦由薛煥奏報清廷，「取名常勝軍」。

太平軍深悉華爾「常勝軍」為自己進攻上海之勁敵，故決意消滅這一反動武裝力量，並佔領其根據地松江。

太平天國忠王李秀成被打急眼了，以主力「屢撲七寶，窺伺上海」。可是華爾的洋槍隊鋒銳正盛，又得到來自天津的英國海軍上將史迪佛立（C．Staveley）所部海軍來援，再次大敗李秀成。

太平軍敗退後，「泗徑、七寶之路既通，松江、上海之嚴緊解」。清政府大加「獎勵華爾及常勝軍各領隊，以彰其功」，並給華爾加四品翎頂。

四月二十七日，英法聯軍三千人，「常勝軍」一千人，攜大炮三十尊，輔以清軍五千人攻下嘉定。

◆◇◆◇◆◇

一八六二年的一月到八月，是華爾大出風頭的時光。

九月，「常勝軍」的威風仍在，但華爾的好日子不再。

九月二十日，華爾率「常勝軍」七百人馳援寧波，在慈谿「以（望）遠鏡瞭賊，槍彈中胸達背」，翌日死於寧波。

他臨終前遺囑以銀一萬兩捐贈美國聯邦政府，以供討伐叛逆的南軍之用。這是美國政府在內戰中收到的最大一筆個人捐款。

李鴻章因華爾已入中國籍，乃「以中國章服殮葬松江，從其屬中國之志也。請於朝，松江、寧波俱建祠」。

梁啟超評價華爾說：「李鴻章平吳大業，固由淮軍部將驍勇堅忍，而其得力於華爾戈登者實多……蓋本朝絕而複續，英法人有大功矣。」

「洋槍隊」並不專屬清軍，太平天國也有一支「洋槍隊」

很多人都知道美國人華爾於一八六〇年組建有一支專門對付太平天國的「洋槍隊」，但卻對太平天國也曾經擁有過一支「洋槍隊」的事一無所知。

說起來，太平天國的這支「洋槍隊」與華爾組建的「洋槍隊」還頗有淵源。

一八六二年，華爾的「洋槍隊」因屢建戰功，得清政府賜名為「常勝軍」，華爾本人更得官封四品，和副領隊白齊文一起正式加入中國國籍。

這個時候，華爾的事業和聲望達到了人生的巔峰。

然而，到了九月，「洋槍隊」的風光念舊，華爾的燦爛卻就此消逝——他在率「洋槍隊」與太平軍作戰中被炮彈擊中，不久斃命。

華爾一死，由他一手創建的「洋槍隊」群龍無首，「洋槍隊」的歸屬就成為了時人所關注的問題。

其中，美、英、法三方都明爭暗鬥，互相爭奪這支軍隊。

最後，還是美國公使蒲安臣的外交活動給力，原籍美國、現任「洋槍隊」副隊的白齊文任接管了這支軍隊。

白齊文（H. A. Burgevine），美國北卡羅來納州人，他的父親曾任法國皇帝拿破崙手下的軍官。他本人和華爾一樣，參加克里米亞戰爭，遊歷美國西部及澳洲、印度，後到中國上海。

「洋槍隊」的組建，白齊文也灌注了很多心血，屬於這支軍隊的元老功臣。

而在「洋槍隊」與太平軍作戰的過程中，白齊文也多有戰功。

其中，他在攻下高橋鎮一役中受傷，兩個月之後，又在蕭塘之戰中受重傷。

白齊文的志向比華爾還要大，他在青少年時就有到東方開創立一個屬於自己的帝國的夢想。

華爾陣亡後，臨危受命的白齊文接任為了第二任隊長。

要開創屬於自己的帝國，就必須先創建屬於自己的軍隊。

從這一意義上來說，白齊文獲得了「洋槍隊」的指揮隊，是向他的夢想大大地邁進了一步。

白齊文的作戰能力也真不比華爾差。

他帶領「洋槍隊」會合起英、法軍及清淮軍再占嘉定，並於青浦白鶴港、三江口一帶敗太平軍。

白齊文的缺點是性情暴烈，遇事容易衝動，不如華爾那樣，遇事冷靜，思路清晰，辦法多、路子野，方法靈活。

隨著「洋槍隊」的不斷勝利，原先和中國商會協議商定的餉銀獎賞就有點跟不上了。

白齊文是一個秉承西方處世原則辦事的人，哪裡容忍得了這種拖欠？不斷向已成為松江道台的楊坊追討欠餉。

該年十二月底，曾國藩調令常勝軍一起圍攻天京。

白齊文抗令不遵，說要等領到欠餉才走，並再次去見楊坊。楊坊稍有推阻，白齊文就狠狠地賞了他一個大嘴巴，然後頤指氣使地讓手下公開搶掠庫銀，席捲走了白銀四萬兩。

原本，江蘇巡撫李鴻章及一些地方官就對白齊文的驕橫很不滿，而且，從餉銀的發放和軍隊人員的構置、武器的配備各方面來說，從性質上來說，「洋槍隊」已經為了清朝的一支國家軍隊。白齊文這一過激行為，澈底觸怒了李鴻章。

李鴻章立刻奏請朝廷，撤去了白齊文的職位，另由英國軍官奧加倫暫行接替。

白齊文性烈如火，哪吃得了這個啞巴虧？上竄下跳，叫嚷著，前往北京要求複職。此舉，在李鴻章的阻攔下不了了之。

且說，奧加倫接管了常勝軍後，表現令人失望。他在攻打太倉一戰中，吃了一個大敗仗，死了一百九十人，傷了一百七十四人。

於是，李鴻章跟駐上海英國軍方達成協議：常勝軍的餉銀由淮軍統發，成為中國的正式軍隊，並通過英國陸軍司令斯泰夫萊保薦英國人戈登擔任洋槍隊的第三任統領。

戈登與華爾、白齊文不同，他不是冒險家，而是正規軍官，在英國陸軍中已經官至少校，並參加過第二次鴉片戰爭，是個出色的指揮官。接任後，戈登指揮常勝軍屢戰屢勝，為清廷成功震壓太平天國立下了汗馬功勞，被同治帝賜予領提督銜、賜穿黃馬褂、戴孔雀花翎，英國媒體一致稱他為「中國人戈登」。

這麼一來，白齊文要重新染指常勝軍已經澈底沒戲。

一怒之下，他糾合了一夥因擁護他而被常勝軍開革或自動脫離常勝軍的舊部，又增募了若干在上海洋人流浪漢，在松江附近搶得一艘汽船，直駛蘇州，投奔了太平天國慕王譚紹光。

譚紹光對白齊文的意外來投，大感驚奇，鄭重其事地接見他，鼓掌表示歡迎。

從此，白齊文正式成為了太平天國的一員戰將。

當然，白齊文是不會滿足於這個的，他少年時的夢想還沒泯滅。為此，他首先得致力於組建屬於自己的軍隊。

由此，他先後數次潛回上海，招集舊部前往蘇州。他還「策反」了曾在清軍小炮船「高橋號」當船長的鍾思和其他幾個士兵在青浦搶奪「高橋號」小炮船，成功駛回了蘇州。

一來二去，白齊文大獲譚紹光的好感。

譚紹光認為白齊文所做的一切都是在為太平天國在奔走，可憐他的新組建起來的「洋槍隊」人員太少，就很豪爽地從太平軍中挑選了兩千多人交給他訓練。

在白齊文眼裡，這兩千人還是太少，而且，因外國軍官人數不夠，還只訓練了一千多人。

為了實現自己的野心，白齊文又做出了一個決定，親自到天京謁見忠王李秀成，提出要節制一支部隊，並擁有自主行動的權力。

這，就是想成為軍閥的跡象了。

面對這個曾經數次打敗過自己的洋兄弟，李秀成並不懷疑他的作戰能力，而懷疑他的真正用心，客客氣氣地款待了他，卻始終不肯答應交撥他軍隊管理的事。

白齊文沒辦法，只好親力親為，繼續為創建自己的「常勝軍」而努力。

白齊文在原「常勝軍」官兵中威望很高，隨著他的活動力度不斷加大，「常勝軍」中的跳槽現象越來越嚴重。

李鴻章大感恐慌，崩緊神經，加強了對「常勝軍」官兵的控制。

李鴻章在一八六三年八月向朝廷奏報說：「現在蘇州賊勢亦蹙，吳江複後我軍進步較快。惟白齊文回滬，聞已密投蘇賊，招募外國流氓百餘人陸續投往，並有代購洋槍炮情事，英國文武各官皆走相告。」因為李鴻章的嚴密防範，白齊文不但難於招攬兵員，他好幾次大批購買軍火的行動也被破壞了。白齊文所能指揮的只有那支「洋槍隊」和「高橋號」小炮輪。

太平天國的局勢越來越不利，白齊文建議李秀成放棄蘇州、天京，孤注一擲，集中力量全力攻打北京。

該建議與李秀成的想法不謀而合，可惜，卻被太平天國的當家老大洪秀全拒絕了。此議不施，太平天國就失去了翻盤的機會。

白齊文的「洋槍隊」在與清軍的戰鬥中減員嚴重，最後只剩下數十餘人，且大部分負傷患病，紛紛要求離去。白齊文向譚紹光申請遣散費，同意這些人離去。白齊文本人也因舊傷復發，潛回上海治病。

譚紹光對白齊文的離去深感痛惜，用自己的轎子和衛隊將他送到前線兩軍相交處，同時還給戈登寫了一封信，希望戈登能本著人道主義精神，將傷病中的白齊文平安送到上海治療。

譚紹光的舉動，光明磊落，白齊文深受感動。

也正是因為譚紹光的赤誠相待，白齊文漸漸淡滅了自己曾經的野心，轉而要向太平天國效忠到底。到了上海，他立刻在英文《北華捷報》上發表文章，聲明自己「直到此刻為止，仍然沒有絲毫背叛太平天國的意念」。

白齊文這道聲明把美國駐滬領事嚇壞了，生怕因為他會給美國帶來不必要的麻煩，將他轉送到日本橫濱治療，嚴禁他再回中國。

病好後白齊文曾兩次返回上海，卻都被美國領事強送回了日本。

美國領事的阻攔並不能澆滅白齊文一顆要效忠太平天國的心。

一八六四年春，白齊文沒有再回上海，而改從寧波登陸，終於回到了朝思暮想的中國土地。

這一年，天京已經危如累卵。

白齊文暗中招募隊伍、租雇輪船，一心要去解天京之圍。

不過，他的隊伍尚未組建成，天京已被清軍攻陷。

一八六五年春，白齊文聽說太平天國的侍王李世賢駐兵於福建漳州，效忠太平天國的赤誠之心不死，又風風火火地前往投奔。

然而，才到廈門，白齊文就被廈門海關俘獲，送交時任閩浙總督的左宗棠。

獲此消息，李鴻章如釋重負，與手下將士彈冠相慶。

不過，由於白齊文是美國人，按照大清帝國與美國及其他列強簽訂的眾多條約，在中國觸犯刑律的外國人享有領事裁判權，清政府無權審理。所以清政府無權處理白齊文，只能將之轉交美國領事。

李鴻章恨得後槽牙直痛。

不過，上有政策，下有對策，在我的地盤，還弄不死你？

在李鴻章的授意下，左宗棠以「閩中賊匪未平，又距海口甚近，設有疏虞，關係非淺」為由，親自安排人員押解白齊文上路。

這對白齊文而言，乃是一條黃泉路。

一八六五年六月二十五日，據李鴻章奏報說，船行至浙江蘭溪縣匯頭灘時突遇大風大浪，白齊文及一些負責押送的中國官兵「舟覆溺斃」。

李鴻章欣然作色地說：「雖中國未申治罪之權，而該犯窮凶極惡，致伏冥誅，足見天道之不爽」。

從親眼目睹陳玉成就擒被斬者的文字裡看一代奇才的壯烈犧牲

陳玉成是太平軍中的第一悍將。他十四歲參軍，十七歲為將，二十歲為帥，二十二歲封王，勇敢善戰，作風兇悍，戰法凌厲，喜打硬仗、惡仗。他自己就放豪言說：「何處官兵多，我即向何處救應！」和李秀成一樣，陳玉成也同樣是廣西藤縣人。兩人的入伍經歷相同。

一八五一年，太平天國金田起義，太平軍在進軍永安州（今蒙山縣）途中經過藤縣，陳玉成報名入伍。值得一提的是，很多關於太平天國的書籍，都想當然地認為李秀成是陳玉成的兒時同伴。其實，只要稍微動一下腦子，就明白這並非事實了：這一年，陳玉成才十四歲，不過一個乳臭未乾的黃口小兒，而李秀成已經二十八歲了，年齡是陳玉成的兩倍，有家有室，和陳玉成一起，好玩嗎？

入伍後，乳臭未乾的黃口小兒陳玉成只能編入童子軍。

在童子軍中，陳玉成每逢戰必舍死爭先，已嶄露頭角，以至一八五三年定都天京後，便得提升為「左四軍正典聖糧」，主管數萬軍隊的軍糧。

一八五三年夏，太平天國分兵北伐、西征。西征軍在武昌城下久攻不下，已成師老兵疲之勢。隨軍出征的陳玉成鼓勇先登，率五百勇士縋城而上，一舉攻下武昌。

清軍上下驚恨說：「玉成舍死苦戰，攻城陷陣，矯捷先登，賊中之最為可恨者」

此戰結束，東王楊秀清論功行賞，陳玉成得提升為殿右三十檢點，統領後十三軍及水營前四軍。

一八五六年初，陳玉成入援鎮江，「陳玉成坐一小舟，沖由水面而下鎮江，水面皆是清軍炮舟攔把，雖然嚴密，陳玉成舍死直衝，到鎮江，當與吳如孝計及由內打出」，擊敗潰清軍，救瓜洲、破揚州。

由這年始，陳玉成的驍勇漸已威震敵膽。

從一八五六年到一八六二數年時間內，陳玉成基本是百戰百勝，屢建奇功。

清軍名將吉爾杭阿、德興阿、勝保、馮子材、李續賓、胡林翼、多隆阿、鮑超、翁同書、李孟群、柏山、德安均成了陳玉成的手下敗將。

其中，德安、柏山等人被陣斬，李孟群被擒殺。

而且，陳玉成打勝保，就像打自己的孩子一樣，怎麼打怎麼有理。陳玉成軍中上上下下都蔑稱勝保為「勝小孩」。

清軍大小將領對陳玉成無不畏之如虎。

曾國藩稱陳玉成為「自漢唐以來，未有如此賊之悍者」；胡林翼語則說「近世罕有其匹」。

張德堅在《賊情滙纂》中罵陳玉成「最亡命」，「最可恨」，「賊中最可恨者」。

洋人呤唎說他「用兵神速，足智多謀」，「具有卓越的膽識」。

戴德堅《蓬萊館尺牘》說他「凶狡傑出，善摧大敵」。

方玉潤在《星烈日記》中驚呼：「此賊不滅，兩湖未能安定」。

薛福成在《書陳玉成苗沛霖二賊伏誅事》中說陳玉成的「鷙勇悍銳，卻非秀成可及。」

陳玉成分別在一八五六年和一八五九年兩次攻破清軍江南大營。但他的戰爭代表作是一八五八年十一月組織的三河大捷。

該戰，陳玉成一鼓作氣，攻破敵軍營盤，全殲清軍六千多人，迫死了清軍悍將李續賓。

曾國藩之弟曾國華哀歎說：「敝邑弁勇，自三河敗後，元氣大傷。雖多方撫慰，而較之昔日之鋒銳，究為減色」。

胡林翼則稱：「三河敗潰之後，元氣盡傷，四年糾合之精銳，覆於一旦，而且敢戰之才，明達足智之士，亦凋喪殆盡」。

一八六一年，陳玉成的軍事生涯開始走下坡路。

這年三月，陳玉成率部渡江西征，在不到十天之內連克霍山、英山，並於三月十八日攻下湖北黃州府，離武漢只有百里之遙。因為英國人以武漢已辟為通商口岸為藉口出面阻攔，再加上李秀成等會剿武漢的部隊尚未到達，陳玉成放棄了進攻武漢，指令兩支先頭部隊轉向北面進攻麻城、德安。

不日，陳玉成率師由石牌至安慶，屯紮集賢關。

陳玉成兵至黃州時，兵不足八萬，此後隨著在黃州、隨州、德安、黃梅、廣濟、宿松等地分軍留守兵力不斷減少，到了集賢關，兵力僅兩萬餘人。

在安慶，曾國藩、胡林翼親自坐鎮指揮，派遣了曾國荃、鮑超、成大吉，多隆阿等悍將輪番與陳玉成廝殺，陳玉成損失慘重，只得退守廬州。

此戰失利，洪秀全大怒，下詔「革黜」陳玉成，並命他立刻「進兵取糧」。

困守廬州的陳玉成兵微將寡，已為清軍多隆阿、雷正綰、溫德勒克西、石清吉等部圍困，要想突圍，已屬不易，要「進兵取糧」，更是難上加難。

徐州一個名叫趙雨村的少年讀書人，基本在這個時期被擄入太平軍中，著有《被擄紀略》一文，以親歷者的身分記述了陳玉成所面對的困境，及陳玉成自廬州走壽州，最終受擒被斬的全過程。

下面，讓我們隨趙雨村的目光來瞭解一代奇才陳玉成在人世間最後的一段燦爛時光：

十月初旬，黃大人調往廬州府，叫我與他同行。不日，隨黃大人至丙子鋪，人云英王已到廬州府。

當日，河內炮船塞河，上下十里許，如履平地，陸路數十里跪道。見一少年將軍騎白馬，遍身皆黃。

我問眾人：「彼騎馬是何人？」

眾人答云：「英王。」

始知英雄自有真也！

晚間黃大人說：「英王破湖北，破九江，破江西各府州縣，破江蘇、安徽，合計州縣一百五十餘處。生平有三樣好處：第一愛讀書的人，第二愛百姓，第三不好色。」

黃大人又說：「賊內稱勝宮保，名『小孩』，蓋以勝宮保帶兵為兒戲。最怪者，勝宮保與英王見一仗，敗一仗，共見四十餘仗，皆敗北。英王之猖獗由此，清朝之挫銳氣亦由此。」

英王抵廬州後，多帥（多隆阿）便將廬州圍得水泄不通。賊內諸人（指太平軍將士）　下里旻：「英王走運時，想怎樣就怎樣；倒運時，想一著錯一著。」

多帥（多隆阿）鮑帥（鮑超）曾帥（曾國荃）三軍，紮在二狼河，共五十五營。

英王驕氣過甚，直期將營踏平。抑知三軍皆節制之師，進可以戰，退可以守。先出令，著令部下猛將孫魁新為先鋒，激戰了半日，敗下來了。

又命部將張羅刑之侄張小閻王領軍迎敵，亦敗了。

英王怒髮衝冠，親自帶中隊兵馬出戰，戰了三個時辰，敗象又現。

鮑帥見英王坐在高處，命準頭槍二百杆對英王直打，英王部眾被殺傷炮擊死者居多，投降者亦不少。

英王從此短氣矣。

徽州人苗沛霖原係英王向天王推薦，官銜兵部正夏僚頂天扶朝綱，掃北奏王，及看英王勢退，安徽省失守，未一月退出十餘州縣，僅落一廬州府，便又投降了勝保。

為了捉拿英王，苗沛霖命一乞丐執竹杖，節皆打通，下留二節，用黃緞一方上皆蠅頭小楷，其詔諛英王之話，至極無以復加。懇求英王到壽州合攻汴京。

苗沛霖云：「孤城獨守，兵家大忌。以英王蓋世英雄，何必為這股殘妖所困。」

英王平日常說：「如得汴京，黃河以南大江以北，實可獨當一面。」苗沛霖來信，正合英王心思。

英王左輔施大人、右弼殷大人皆奇才，施大人說：「苗雨三真有韜略，非到壽州不可。」殷大人卻說：「聞苗雨三已投勝妖（指勝保），此人反復無常，誠小人之尤者。依愚見，萬不宜去。」

英王沉吟半時，未置可否。

次日又請六部及各同檢商議此事，眾人都稱苗雨三不可信。

戶部孫大人說道：「與其到壽州，不如回天京見天王後，重整旗鼓，何患殘妖不除也。」

英王大聲反駁：「本總裁自用兵一來，戰必勝，攻必取。雖虛心聽受善言，此次爾等所言，大拂吾意。」

於是，前往壽州已成定議。

四月十三日定更時，英王出北門，銜枚疾走，攻破多帥所紮新營二座，連馳二十餘里。

我們幾個讀書人隨尾隊走至四十里鋪，見濠溝內，男女淹死，不計其數。有人撈婦人至水邊石上，斫手取金鐲。世道至此，人猶為利，可歎可歎。

英王到了壽州，苗沛霖之侄苗天慶出迎，將英王所帶僅二千餘人安在城外駐紮，獨請英王進城。

苗沛霖未敢與陳玉成見面，晚飯時，苗天慶戴著藍頂花翎出來行禮，跪稟英王道：「叔父看清朝洪福過大，祈英王同享大清洪福。」

英王大怒，指著苗天慶的鼻子說：「爾叔真是無賴小人！牆頭一棵草，風吹二面倒；龍勝幫龍，虎勝幫虎。將來連一賊名也落不著。本總裁只可殺，不可辱。勢已至此，看你如何發落！」

英王所帶僕射及六部各丞相皆欲動手，英王道：「可以不必。」

第三日，苗將英王送與勝保。

勝宮保高坐中軍帳，旗幟槍炮排列森嚴，凡帶兵營官皆要站班，耀武揚威。

英王上去，左右叫跪。英王兩眼一瞪，大罵道：「爾這個『勝小孩』，在妖朝第一誤國庸臣。本總裁在天朝是開國元勳，本總裁三洗湖北，九下江南。爾見仗即跑。在白石山攻塌爾二十五座營壘，全軍覆沒，爾帶十餘匹馬抱頭而竄。我讓將士饒了爾一條性命。爾怎配我跪？真是個好不自重的對象！」罵罷席地而坐。

英王的口供單傳到多帥處，多帥搖頭歎息道：「勝克齋真是不知自愛，平白無故地自取其辱。若是我等，絕不見與英王面，以賓禮待之，聽聖旨分解。」

勝宮保將英王解送京都。行至河南延津縣，僧王（僧格林沁）主張將英王就地正法，將首級解進京。

英王十五歲破武昌省，死時二十八歲。人身體不高，面黃白色，聲音出林，兩眼下各長一紫痣，故號「四眼狗」。

以上所述，主要摘自《被擄紀略》。

但英王入壽州時，《被擄紀略》的作者趙雨村已經脫離了英王的隊伍，至於英王被執至勝保營、與勝保的對話，只是道聽塗說而來。英王在勝保營的真實表現，應該通過張祖翼所著《清代野記》書卷下的《勝保事類記》來瞭解。

用太平天國史權威專家羅爾綱的來說，就是：「我們使用史料來考證史事和撰寫歷史，都首先要問是誰寫的？那人有沒有作證的資格？所寫是否可信？我們之所以相信張祖冀的記載，就因為他的父親張樂濤是勝保的機要秘書，得親見英王陳天成被訊，並親去見玉成，作了詳談。張祖望本人當時也隨父在勝保軍中。這是親見親聞的人的記載，所以我們才相信它。」

《勝保事類記》是這樣記錄的：

偽英王陳玉成自安慶為曾忠襄所敗，全軍皆沒，窮無所歸，走鳳陽投苗沛霖。苗沛霖匿而不見，使其侄苗天慶縛獻勝保。勝保克日親訊，盛投軍衛。陳玉成長立不跪，大笑道：「爾乃我手中敗將，有什麼資格高坐審訊我！」接著曆舉與勝保交戰的每一場勝敗，勝保大感慚愧。

又說：陳玉成所囚禁的地方，是精舍三椽，陳設皆備，環以木柵，兵士嚴加看守。先父曾與同僚裕朗西前往拜見。陳玉成貌極秀美，長不逾中人。二目下皆有黑點，此四眼狗之稱所由來也。吐屬極風雅，熟讀歷代兵史，侃侃而談，旁若無人。談及太平天國眾人的用兵才能，陳玉成說：「皆非將才，惟馮雲山、石達開差可耳。我死，我朝不振矣。」無一語及私。迨伏誅，所上供詞，皆裕朗西手筆，非真也。

又說：陳玉成妻絕美，勝保納之，寵專房，隨軍次焉。

附裕朗西手筆《陳玉成自述》：

我係廣西梧州府藤縣人，父母早故，並無兄弟。十四歲從洪秀泉為逆，自廣西隨至金陵，後曆受太平天國指揮、檢點、丞相、成天豫、成天燕、成天福、成天安、成天義、前軍主將、掌卒（率）、文衡又正總裁等官，加封英王，提掌天朝九門羽林軍。

自咸豐四年五月，同韋志俊攻破武昌，回打岳州。五年七月，在湖北德安打破官兵營盤數十座，傷官兵甚多。旋即圍攻廬州，複至蕪湖解圍。又至鎮江解圍，將吉撫台打敗。六年三月，攻破揚州，回至金陵打破長濠，將向軍門打敗，官兵退守丹陽，我追至丹陽受傷。七年，打破江北地方州縣城池甚多，我記不清。

（咸豐）八年將李孟群打敗，攻破廬州、天長、盱眙等處。九年，在三河[鎮]地方，將李續賓打敗，攻破江浦、六合、定遠等處。十年，攻破金陵長圍，將張國梁追至丹陽，落水而亡。其餘破黃州、徽州、嚴州、玉山、隨州、無為、浦口等處，我皆在內。何處官兵多，我即向何處救應。

今因楚軍圍攻廬州，城內乏糧，恐難久持。又因派出扶王陳得才、沃王張樂行並馬融和、倪隆淮、范立川等，攻打潁州、新蔡及往河南、陝西等處去打江山。因不知潁州曾否攻破；河南、陝西一帶打破幾處，均未得到消息，是以率領全軍由廬州北面攻破官營三座，連夜走到壽州。原想踞城鋪排一切，親帶陳得才、張落刑等分兵掃北，不其中計遭擒。

然非勝帥亦不能收服苗沛霖，若非中苗沛霖之計，亦不能將我擒住也。是天意使我如此，我到今日，無可說了，久仰勝帥威名，我情願前來一見。

太平天國去我一人，江山也算去了一半。我受天朝恩重，不能投降，敗軍之將，無顏求生。但我所領四千之兵，皆係百戰精銳，不知尚在否？至我所犯彌天大罪，刀鋸斧砍，我一人受之，與眾無幹。所供是實。

陳玉成被斬，太平天國如同擎天柱崩。幹王洪仁玕後來就歎息說：「不幸英王被人所賣，落在清軍之手，因而被殺。如英王不死，天京之圍必大不同」。又說：「英王一去，軍勢軍威同時墮落，全部瓦解。」

變法英雄譚嗣同名句「我自橫刀向天笑」竟抄襲自這個反復小人

戊戌變法的大英雄譚嗣同痛感變法失敗，勸梁啟超到日本使館避禍，自己卻竟日不出，以待捕者。日本友人幫助梁啟超出逃的同時，也勸譚嗣同到日本避難日本，說：「你們中國有句老話，『留得青山在，不怕沒柴燒』。你留得此身，將來可以重整旗鼓，於國家於自己不是更有利嗎？」

譚嗣同慨然回答說：「各國變法無不從流血而成。今日中國未聞有因變法而流血者，此國之所以不昌也，有之，請自嗣同始。」並言：「自古以來，未有不流血而能成大事者。我願流血以待後人。」

譚嗣同被捕後在獄中寫下了震爍古今的《獄中題壁》，詩云：

望門投止思張儉，忍死須臾待杜根。
我自橫刀向天笑，去留肝膽兩昆侖！

該詩詞句慷慨，詞意激蕩飛揚，散發出一股充塞天地間的浩然大氣。

可是，很多人不知道，詩中最有名的「我自橫刀向天笑」一句，竟然剽竊之作。剽竊的對象，還是很為世人所不齒的卑鄙無恥、反復無常的大奸大惡之徒苗沛霖的作品。

苗沛霖，字雨三，安徽鳳台武家集人，生於清嘉慶年間，讀書異常刻苦，但到了三十歲才考中秀才，要以這速度躋身宦途，前景實在不讓人看好。

倍感失落的苗沛霖在一個獨坐書齋的冬夜寫下了他的代表作：《秋霄獨坐》，詩云：

手披殘卷對青燈，獨坐搴帷數列星；
六幅屏開秋黯黯，一堂蟲鳴夜冥冥。
杜鵑啼血霜華白，魑魅窺人燈火青；
我自橫刀向天笑，此生休再誤窮經。

苗沛霖比譚嗣同早出生了差不多一百五十年，譚嗣同抄襲苗沛霖的詩句，那是無庸置疑的了。在這首詩裡，苗沛霖生出了班超投筆從戎的念頭，一腔橫刀向天、抗擊命運的豪情噴薄而出！

坊間有段子說，苗沛霖本人雖然科舉不得意，但卻有學生考中了進士。該學生榮歸故里，特設謝恩師宴。苗沛霖認為，謝師宴，主要是感謝老師的，那麼自己應該是這場宴會的主角。哪知赴宴的還有縣、府兩級官吏。入席時，知縣把府官推到了上座，苗沛霖看到屬於自己的位置被占，一時控制不住，就摑了知縣一個巴掌，揚長而去。回到家冷靜下來，擔心遭到知縣報復，就帶領家丁壯兵，先下手為強，斬殺了知縣，然後扯起大旗，拉起了一支團練隊伍，勢力遍及皖北數縣。

此說雖不可信，但苗沛霖殺人的心是時時都有的。

苗沛霖在另一首《故園》中更加充分地體現了他的凌厲殺氣：

故園東望草離離，戰壘連珠卷畫旗；
乘勢欲吞狼虎肉，借刀爭剝牛馬皮。
知兵亂世原非福，老死寒窗豈算奇？
為鷲為鼇終不免，不如大海作蛟螭。

苗沛霖在靜候著投身大海「作蛟螭」的機會。

不久，太平天國運動爆發了，苗沛霖既看不起太平天國，也對滿清王朝倍感到失望，自題了一幅楹聯：

什麼天主教，敢稱天父天兄，喪天倫，滅天理，竟把青天白日攪得天昏，何時伸天討天威，天才有眼；

這些地方官，盡是地痞地棍，暗地鬼，明地人，可憐福地名區鬧成地獄，到處抽地丁地稅，地也無皮。

不過，太平天國興起，也讓苗沛霖找到了拋掉書本、拎起刀子的機會，他響應清政府的號召，大辦團練，兩年內就打造出了一支地方勢力。

真正讓苗沛霖崛起的時間是一八五六年。

這年正月，由張樂行為首的撚軍攻掠到鳳台縣，把盤踞在武家集的地主武裝打得一敗塗地，而苗沛霖的團練還能自成一軍。

於是，四鄉八鄰都把苗沛霖當成了一尊神來供奉。

苗沛霖也不負眾望，聯合起各鄉各鎮，挑溝築寨，建立出一座座壕溝深掘的城堡，多次擊潰了撚軍的劫掠，有力地保障了地方安全。

於是，苗沛霖的人氣爆棚，勢力迅劇膨脹，很快就擁圩寨數千，擁眾十餘萬，儼然亂世中不可忽視的一大勢力。

這樣一股大勢力，最先被清政府徵用。

在清欽差大臣勝保的舉薦下，苗沛霖以「剿撚」有功，在一八五七年到一八六〇年的三年中，先後十二次得加官晉爵，由一個五品官而知州，知府，再到四川川北道加布政使，督辦淮北團練，官居二品。

可以說，這時的苗沛霖可以與曾國藩在同一地位分庭抗禮了。

但苗沛霖的野心明顯比曾國藩大。

一八六〇年十月，英法聯軍攻陷了北京。

咸豐帝倉皇奔逃熱河。

勝保致信苗沛霖，要他率精銳入京勤王。

苗沛霖卻認為清庭政府氣數已盡，學習起自己的同鄉前輩朱元璋來，在蒙城僭稱「河北天順王」，建立天順王國。

為了把淮北的湘軍驅逐出境，苗沛霖率先對駐紮潁州的湘軍發難，殺死湘軍數人。

湘軍首領曾國藩深知在太平天國和撚軍的攻略下不宜再樹強敵，忍氣吞聲主動奏請撤出壽州、正陽防區。

這個結果，苗沛霖並不滿意。

苗沛霖覺得自己的天順王國要成為一個真正的國度，那就必須讓清王朝告別這個世界。

一八六一年二月，苗沛霖大舉進攻壽州，公開跟清王朝叫板。

為了儘快儘早地滅亡清王朝，苗沛霖一面與宿敵張樂行的撚軍交好，一面與駐紮在廬州的太平天國陳玉成部聯絡，表示願意「蓄髮」歸順，天平天國由此封苗沛霖為「奏王」。

該年十月，苗沛霖攻破壽州城，俘獲了安徽巡撫翁同書等大吏。

次年正月，苗沛霖又與張樂行部撚軍、太平軍聯合，大舉進攻潁州。

然而，讓苗沛霖想不到的是，清廷居然大難不死，挺過了難關，大軍雲集皖北。

這種情形下，潁州難以輕取。

苗沛霖心生渺茫，幾經思量，厚著臉皮聯繫上老熟人勝保，要求「反正」。

當此用人之際，清廷勉強釋除前嫌，重新接納了苗沛霖，但要其上交投名狀：從背後攻擊太平軍和撚軍，取下兩軍首領陳玉成和張樂行的腦袋。

心狠手辣的苗沛霖二話不說，立刻會同勝保的部隊與潁州城內的清軍裡外夾擊，大敗太平軍和撚軍。

苗沛霖還將張樂行死死圍困在潁上，差一點就割下了張樂行的腦袋。

可就是這個「差一點」，清廷大為不滿，指責苗沛霖「反正」的誠意不夠。

張樂行在部將的死護下已歸回了雉河集。

苗沛霖咬咬牙，把要上交的投名狀鎖定在陳玉成身上。他遣心腹部將扮成乞丐前往廬州，哄騙陳玉成到壽州和自己合兵奪取汴京。

陳玉成在廬州已被清軍圍困得喘不過氣來了，已是窮途末路，於是病急亂投醫，率部北上，與苗沛霖會合。

這次，苗沛霖得手了，將陳玉成手腳麻利地捆綁好，送交老熟人勝保。

陳玉成氣恨交加，怒斥苗沛霖：「爾真是無賴小人！牆頭一根草，風吹兩面倒；龍勝幫龍，虎勝幫虎，將來連一賊名也落不著。」

陳玉成死了，天平天國不久也垮臺了，撚軍也被殺散殆盡了。

誠如陳玉成所說「牆頭一根草，風吹兩面倒；龍勝幫龍，虎勝幫虎，將來連一賊名也落不著」，在「飛鳥盡，良弓藏；狡兔死，走狗烹」的背景下，苗沛霖睡不安寢，悍然高呼：「我輩所為，終難一死，不如先發制人。」

一八六三年五月，苗沛霖在鳳台誓師，再次舉起反清大旗。

為了激勵士氣，他還作了一首《滿江紅》：

> 匹馬西風，幾踏遍關山夜月；
> 看今夜霜華掌大，征衣似鐵。
> 逸興頓辭陶令菊，雄心待咽蘇卿雪。
> 歎江南江北盡沉淪，紅羊劫。
> 情不惜，妻孥別；心不為，功名熱；
> 只隨身兵法，孫吳幾頁。

猛虎山中行就縛，妖星天末看將滅。
趁秋波挽袖涴（讀臥）羅袍，沙場血。

然而太平天國和撚軍運動已經結束，清廷已經隱然「中興」，苗沛霖成了一隻秋後的螞蚱，於該年十二月戰死蒙城，結束了他反復無常的一生。

李秀成竟然是迫死陳玉成的兇手之一

太平天國「天京事變」後，東王楊秀清、北王韋昌輝身死，翼王石達開出走，再加上南王馮雲山、西王蕭朝貴早已陣亡，則首義六人之中，只剩下天王洪秀全一人了。而洪秀全身藏深宮之內，沉溺於婦人酒色之中，太平天國的局勢，已岌岌可危。

所幸滄海橫流，又有英雄挺身而出，支撐著了危局，使太平天國出現了起死回生的跡象。

這些英雄人物中，最為傑出的當是陳玉成和李秀成。

俗話說，英雄不問出處。

但特別要說明的是，這兩位大英雄的出處竟然是出自同一個縣同一個鄉同一個村

李秀成在《李秀成自述》中也深情地回憶說：「至陳玉成在家，與其至好，上下屋之不遠，舊日深交，來在天朝，格宜深友」。

也誠如李秀成所說，兩人在太平天國內，「格宜深友」，互相幫助，互相愛護，齊心合力，共同渡過了一座又一座難關，化解了一次又一次的危機。

一八五六年八月，正是兩人合軍共天京城下的江南大營。該戰，陳玉成舍生冒死駕小舟深入龍潭虎穴，溝通了援軍與鎮江守軍聯絡的，終於成就大功。

一八五六年九月，又是兩人合力解救皖南局勢。當時，李秀成率先入援，卻兵困桐城，動彈不得。關

鍵時刻，陳玉成移軍來救，兩軍內外發力，兩面合攻，擊潰了清軍，解除了桐城之圍。感激之餘，李秀成大贊陳玉成公而忘私、先人後已。

一八五七年三月，兩人合兵攻下安徽霍丘，然後兵分兩路，陳玉成出正陽關，屯兵太湖、潛山；李秀成屯兵於六安、霍山，互為犄角，共圖皖北。

一八五七年十二月，鎮江被圍，兩人合軍向東，一同救出了鎮江的困兵。

一八五八年九月，又是兩人的分頭合作，一舉打垮了湘軍江北大營。

一八五八年十一月，陳玉成西援安慶，李秀成隨後而至。兩軍在三河、金牛洞全殲湘軍李續賓主力，收復桐城等地。

一八五八年十一月，陳玉成進取二郎河，先勝後敗，形勢危急，幸得李秀成接應，全身退還太湖。

一八五九年十一月，天京第三次被困，李秀成獨力難支，陳玉成自廬州（合肥）引軍來援，兩軍合力，共解浦口、六合之圍。

一八六〇年五月，兩軍合力，又打擊了清軍江南大營，並直下蘇常。

◆◇◆◇◆◇

正是這樣一次又一次的成功合作，讓這兩位來自同一個地方的老鄉結下了深厚的友誼。兩人也因此得到了時人和後人的交口稱讚。

然而，李秀成和陳玉成都是貧苦人家的子弟，文化程度不高，雖然在用兵和謀略上有天賦異稟，但到頭來，仍擺不脫小農意識的局限，走進了歷史上常見的「或以共患難、不可同富貴」的怪圈，最終從貌合神離走向決裂——甚至於從某個程度上說，李秀成竟然成為了迫死陳玉成的兇手之一。

為什麼這樣說呢？

首先，李秀成和陳玉成都是從普通小兵做起，經過自己的努力打拼，最終成為了獨當一面的大將。而在太平天國「五王時代」過去之後，兩人逐漸形成了雙星爭耀的局面。

太平天國是一個特別奇怪的政體，天王基本不理事，擔任的是精神領袖的教父角色，屬下諸部權力分化，形成軍閥割據領地的分裂局面。每一個軍閥軍事統帥都有自己獨立管轄的地盤、有自己完整的官吏體系，田糧征賦，自養自給，容不得別人染指。因此，政體內部就出現了大魚吃小魚，小魚吃蝦米的吞併現象。

相較而言，陳玉成崛起比李秀成快，究其原因，還是機緣巧合。一八五八年初，陳玉成得代石達開駐節安慶，一下子就吞併了淮南、皖西各部太平軍，成為了太平天國後期擁有軍隊員多的部隊。陳玉成除了將安慶及其附近淮南、皖西之地作為自己管轄範圍外，還一度將勢力範圍擴充到鄂東黃州、隨州等地。一時間，清軍上下都認為「其能為夷者，無過石達開、陳玉成兩逆」。

這個時候，李秀成的地盤僅局限於桐城周圍一帶，在陳玉成的跟前，只是個陪襯的角色。

李秀成自己也說：「那時英王名顯，我名未成，日日勤勞，幫為遠算，凡事不離」。

而到了一八五九年，李秀成已經擁有了江北一角（天浦省）地盤，在軍事上僅次於陳玉成，隱有與陳玉成分庭抗禮之勢，兩人間的關係就悄悄地發生了變化。李秀成開始想方設法地對陳玉成進行分化、打壓，以成就自己一家獨大。

一八五九年五月，陳玉成被封為英王，原為陳玉成上司的韋俊屈不肯居於陳玉成之後，從盱眙憤然南下，駐紮池州。對於這種分裂行為，陳玉成無法容忍，派軍前往攔阻，兩軍遂在和州附近展開火拼。駐紮在和州的是李秀成的隊伍，李秀成本人不在和州，卻指令和州守軍助韋俊力攻陳玉成。

另外，清軍降將李昭壽在陳玉成進軍河南時，不但沒有發兵配合，反而指使部下在葉集一帶從事擄掠，影響了陳玉成軍的餉源。陳玉成大怒，要以犯律將之處死，可李秀成卻對李昭壽多方維護。甚至在李昭壽重新降清、並出兵襲擊陳玉成部後，李秀成還鼓動天王洪秀全寫信招回李昭壽。

陳玉成恨得直咬牙，說：「秀成恃要結得民，此天下大定事也。今天下紛紛日攻戰，且欲事煦購仁孑義為哉！」

也就從這時起，兩人間的矛盾開始激化。

一八六〇年，天京政府大聚集兵馬攻打清軍江南大營。

陳玉成一心為國，只留下葉芸來、陳得才等幾支部隊駐守安慶、廬州，其餘兵馬傾巢出動，五路並進，攻破建設在天京西南的江南大營長牆，一路追逐，連取常州、蘇州、無錫、蕪湖、江陰、常熟、青浦等地。

李秀成雖然在攻江南大營中也出了氣力，但每戰都有所保留，跟在陳玉成後面招收敗兵潰勇，賺了個缽滿盆滿。到達了蘇州以後，李秀成才開始發力逐殺，分頭進取上海和嘉興，蓋其目的就是想鞏固蘇常，建立自己的江浙基地。

蘇南地區民豐物阜，陳玉成也有意將這一地區劃歸為自己的勢力範圍，分別在常州、蘇州建造英王府，派兵駐守各州府城鎮。

然而，當陳玉成為了進殲浙江清軍，率部南下由浙江長興攻佔安吉、於潛、臨安、餘杭等地時，李秀成覬覦上了他的蘇常地盤。

這一年八月下旬，陳玉成要求李秀成按照天王御前會議，一同合兵攻打上海守敵，然後回救安慶，李秀成拒絕不聽。

兩人的關係就此鬧掰。

《錫金團練始末紀》稱：「蘇省為忠逆獨佔，陳逆不嫌，每擇繁華市鎮，多設一卡，歸英逆管。」蘇南一地，出現了兩個勢不兩立的政權。

客觀地說，在軍事上，李秀成遠遜於陳玉成；但就政治而論，李秀成則遠勝陳玉成一籌。

李秀成除了搜刮美女和珠寶解送天京討好天王外，也注意「賑流亡，薄賦斂」、「慈愛軍民，約束手下各頭目，勿許殺害良民，無故焚掠；迭出偽諭，遠近張貼，招來四民，開設店鋪，俾各復興」，以贏取民眾的支持。為了成功擠走陳玉成，關鍵時候，李秀成還不惜兵刀相見。

《劫餘灰錄》就稱：「假如偽忠王統下遇偽英王之兵卒，皆指為野長毛，是以各擁重兵為衛。苟不如是，人財兩失，而居縣上者亦不敢問。」

陳李兩軍，形如水火。

一八六〇年十月，李秀成趁陳玉成北上解救安慶之機，驅逐駐守在蘇南的陳玉成軍最後一支部隊退出常熟。

可憐的陳玉成在安慶連日作戰，無暇顧及，終使蘇南全部地區都落到了李秀成手裡。

從此，李秀成全力經營蘇州和後來的杭州防地，再也不顧陳玉成死活，任憑陳玉成在天京上游孤軍苦戰，苦苦掙紮。

一八六〇年秋，陳玉成戰事吃緊，實在不得已，數次向李秀成招書援救。李秀成指使部將陳坤書作答，云：蘇省地方費了多少年苦，現在百姓未伏，萬不能來救。陳玉成只好入天京，由天京方面召開御前會議，欽點李秀成配合陳玉成共解安慶之圍。李秀成表面上答應了，卻遲遲不動身。

該年十二月，陳玉成自廬江發書向李秀成求援，李秀成兵馬已經到了江西，卻置若罔聞，只管埋頭招兵買馬，絕口不提赴北岸之事。

曾國藩因此鼓掌大笑，說：「若北岸辦得好，能得安慶之賊屠戮殆盡，則四眼狗（指陳玉成）必深恨李秀成不救北岸，將來必有自相仇殺之日」。

一八六一年九月安慶失守，陳玉成由鄂東退紮廬州。

改年，廬州已成孤城，陳玉成到了英雄末路。

陳玉成已對李秀成徹底死心，其四面修書告急，求援於張樂行、陳得才等人，就是不再向李秀成呼救。

而李秀成也樂得不聞不問，一任陳玉成自生自滅。

陳玉成發向張樂行、陳得才等人的告急書全部被清軍繳獲，廬州的陷落，只是時間問題。這種形勢下，陳玉成鋌而走險，決定賭一把，寧願遠走苗沛霖的危地，不再指望李秀成的相救。

最終，陳玉成終於中了苗沛霖的奸計，被清軍碎屍萬段、凌遲處死。

從這一角度上來說，說李秀成是迫死陳玉成的兇手之一可一點也不過分。

可悲的是，陳玉成的覆滅，李秀成並未有所醒悟，反而沾沾自喜——他所渴望的太平天國國內一家獨大的局面已經形成。可是，他所沒有想到的是，陳玉成一死，天國的樑柱已去，不久，天京淪喪，天國滅亡，他自己也成了清軍的俘虜。

小農意識、山頭主義，到頭來，不但害人又害己，還連累偌大的一場事業傾刻間化為烏有。

這個教訓是夠沉痛的了。

朝廷賜號剛勇巴圖魯的湘軍猛將，暴卒的死因卻難以啟齒

波瀾壯闊的太平天國運動是中國近代史上矚目而無法抹去的一頁。

在這場運動中，連個秀才也考不上的洪秀全從一介童生搖身變成了「上帝的兒子」、人世間高高在上的天王，內心急劇膨脹，對女人的需要瘋狂而執著。

署名為「武昌沈懋良撰」的《江南春夢庵筆記》裡面稱，在天王府裡陪侍洪秀全的有愛娘、嬉娘、妙女、姣女等十六個名位，共二〇八人，二十四個王妃名下又有姹女、元女等七個名位，共九六〇人，總妃嬪有一一六八人。

雖說經太平天國史研究權威人士羅爾綱著力考證，名義上屬於洪秀全妃嬪的只有八十七人（洪秀全的兒子洪天貴福被清軍俘獲後供稱自己有「八十八個母后」，但有一個是洪秀全虛擬的「天妻」，事實上並不存在）。但天京後宮專門服侍洪秀全一個人的女人數量高達數千人之多，卻是不爭的事實。

太平天國起事之初，曾設立由清一色婦女組建成的女營。曾國藩曾吃盡了女營女兵的苦頭，咬牙切齒地稱這些女兵為「大腳蠻婆」，在奏報給朝廷的奏摺中說這些「大腳蠻婆」：「紅綃抹額，頗矯健。」

不過，隨著太平天國的不斷壯大，在太平軍佔領了長江重鎮武昌後，洪秀全就把女營變成了女館，將原有的天國女兵，包括那些被武力征服的良家婦女，一古腦劃歸自己管理。並在攻克南京前夕，發佈嚴分男女界限的詔令：「女理內事，外事非宜所聞」。而等攻下了南京城，興建起天王府，洪秀全命人在宮牆

外面挖一道深寬各二丈的御溝，只在溝上建一三孔石橋，稱五龍橋作為唯一通內外的路徑，自稱九重天庭。洪秀全還在第一道大門天朝門的門外懸掛一幅十餘丈的黃綢，上面就大書朱字詔令：「大小眾臣工，到此止行蹤，有詔方准進，否則雲中雪（太平軍形容「殺頭」的隱語）」。

從此，洪秀全就和女館裡面的幾千婦女生活在裡面，一個男人也不許進。從相關史料記載來看，洪秀全自從一八五三年三月進入天京，直到一八六四年六月五十二歲病死，十一年中從未邁出過天京城門一步，只有一次坐六十四個女人抬的大轎出宮去探視生病的東王楊秀清。

可以說，洪秀全在裡面生活得相當愜意。

但是，這種生活，卻也不是人人都過得了的。

湘軍猛將李臣典，十八歲從軍，隸吉字營，曾在咸豐八年戰吉安的激戰中勇救曾國荃。該戰，曾國荃身陷重圍，體被數創，幾不能脫。關鍵時刻，李臣典大呼挺矛進，猶如神兵天降，殺得太平軍四散奔逃。李臣典開掛一樣，緊緊追殺，殺至永豐、新淦。

曾國荃奇其勇，超擢寶慶營守備。此後，克景德鎮，複浮梁，李臣典皆為軍鋒。

咸豐十年，李臣典憑戰功晉都司，賜花翎。

該年戰菱湖，曾國荃傷股墜馬，又是李臣典馳救以歸。

咸豐十一年，湘軍與太平天國悍將陳玉成在安慶展開決戰，李臣典身先士卒、橫槊前驅，與諸營合力決蕩，斬首數千級，拔安慶，擢參將，賜號剛勇巴圖魯。

李臣典表現最為神勇的是同治二年夜襲南京雨花臺石城之戰。當時，士卒束草填壕，緣梯而上，被守城的太平軍驚覺，發炮大轟。湘軍軍心大亂，潰亂之象已生。李臣典不避死、不畏亡，搴旗大呼躍而上，諸軍受此鼓舞，激勵奮進，擲火彈毀城樓，城立拔。

李臣典得以提督記名，授河南歸德鎮總兵。

同治三年六月，攻克天京之戰中，李臣典率部日夜穴城，地道成，又一馬當先，揮軍蟻附而入，殺敵十餘萬人。

可是，就是這樣一員殺伐決蕩、所往無前的猛將，竟然在攻陷天京後沒幾天，猝然暴斃，享年僅二十七歲。

當時，捷報傳到京師，李臣典列功第一，錫封一等子爵，賜黃馬褂、雙眼花翎。可惜，詔令還沒到而李臣典已歿。朝廷只好改詔追贈其為太子少保，謚忠壯，吉安、安慶、江寧各建專祠。

龍精虎猛的李臣典怎麼會在大功告成之日突然病亡的呢？

《中興將帥別傳》的說法是：「公夜戰過勞，明日病熱，或曰公自恃年壯氣盛，不謹疾之由也。」即李臣典激戰過度，身體抵抗力下降，進城後患病身死。

而據一署名為翊勳者所著著作裡有提到：「曾國荃攻入南京時，先鋒為提督李臣典，照官家文書的記載，李臣典日夜血戰，進城後不久即力竭身死。滿清追念其功績，封世襲子爵。大家都相信李臣典是作戰過勞而死的。民國十六年，李昌芬同志亡命來投，在我創辦的一個中學裡教書，工餘閒談，始知他是李臣典的曾孫，談起他曾祖的軼事，才知道李臣典的死，是另外一種『過勞力竭』。破城之役，李臣典是辛苦了幾天，破城後接連強姦了兩個婦女，致脫陽而死。提督是清朝武職中最高的官，本身如此，其部下的紀律就可想而知了！」

李臣典打仗是勇猛不怕死，但他的缺點就是貪女色。十餘年來，他攻城掠地，每打下一個地方，第一件事就是抓女人。

營官如此，信字營的官勇個個效尤。信字營也就成為了吉字大營中風氣最壞的一個營。

但由於李臣典和整個信字營打仗都牛，曾國荃也就裝作不知道，李臣典也因此有恃無恐。

江南女子嬌美，李臣典早有耳聞，打天京時，他就以「戮絕妖男，虜盡良女」為口號，激勵士氣。

等天京打下，李臣典就迫不及待搶女人，搶洪秀全後宮中的女人，日夜宣淫，一夜「連御十女」。

其實，洪秀全雖然長年生活在女人叢中，但他和這些女人共生育的兒女不過才十一個，其中只有八個是在天京生的。

所以，洪天王雖然荒淫無恥，但也並不是人們想像中那樣，天天都在給這些女人恩施雨露。

李臣典是年輕力壯，一上來就大砍大伐，縱欲無度，身體終於經不住這樣的戕伐，油盡燈枯，精血大損，終於死在了女人的石榴裙下，可歎可悲！

從《李秀成自述》讀解太平天國史

一八五一年一月洪秀全在廣西桂平縣金田村宣佈起義。

這年八月，太平軍向永安州進軍。途中不斷徵集拜上帝會人的入夥。

在經過梧州府藤縣寧風鄉五十七都長恭裡的新旺村時，有一個名叫李秀成的小夥子加入到了隊伍中。

這個小夥子相貌白皙，並不起眼，卻從一個最底層不為人知的小兵做起，經過沙場百戰，逐漸成長為一名方面軍大將。

尤其是天京變亂後，太平天國基業已經搖搖欲墜，正是他與陳玉成、李世賢等人苦撐危局，連續取得了二破江北大營、三河大捷、二破江南大營等軍事上的勝利，並建立蘇福省、天浙省，才使太平天國起死回生，並有恢復元氣的跡象。

天王洪秀全因此封他為忠王，稱「萬古忠義」。

一八六四年，天京陷落，忠王李秀成領千餘人護幼主突圍，在南京方山丁村被村民俘獲，獻至清營。在清營，曾國藩親審李秀成，並令其書寫供詞。

於是，自六月二十七日至七月初六日的九天時間內，被關鎖在牢籠中的李秀成以每天寫七千多字的記錄完成了一份供狀（《李秀成自述》）。

李秀成寫供狀的目的是為了乞降求生還是別有隱情，已經成為了一樁歷史公案。鑒於後世關於太平天国正史和野史數量巨大、內容龐雜、事件真偽難辨，而《李秀成自述》為當事人手書親述，多可與史料印證，是研究太平天国重要依證。

不過，誠如太平天國史研究權威學者羅爾綱先生所說：「《李秀成自述》是在即將被殺的囚籠之中寫給敵人的。為著對付敵人，其中必有假話、假事。又是以每天七千字的速度，在九天內以迫不及待的極度緊張心情寫成的，必有誤記、誤寫的地方。李秀成唯讀過三年書，他的文筆是從《四書》和《古文觀止》以及《三國演義》、《水滸傳》、《東周列國志》、《封神傳》、《說唐》等演義小說學來的，所以他寫的《自述》是一種半文半白的文體。李秀成是廣西梧州府藤縣人，他寫的白話文，就夾雜有梧州府和潯州府的方言、俗語。要讀懂這樣的一部《自述》，就非加以注釋不可。」

基於這個原因，羅爾綱先生為現存的五萬多字的《李秀成自述》做了詳詳細細的注釋。但基於篇幅原因，本文不全錄原文及羅老的注釋，而是在原文和注釋之上做一些摘錄和改譯，讓大家大致瞭解太平天國的發展過程，及李秀成被捕的詳細經過。

以下，即為摘錄和改譯文字：

天王在家時，兄弟三人，長兄叫洪仁發，次兄叫洪仁達，天王名洪秀全，同父異母。長次兄都是前母所生，洪秀全是後母所生。長次兄在家種田，洪秀全在家讀書，同馮雲山二人同窗書友。

有一天，天王忽然病了，昏死了七日，還魂醒來之後，講的都是天話，勸世人敬拜上帝，勸人修善。稱若世人肯拜上帝者，無災無難，不拜上帝者，蛇虎傷人。

天王是廣東花縣人氏。從花縣上到廣西的潯州、桂平、武宣、象州、藤縣、六川、博白，有數千里之遙，天王常在深山內密藏，密教世人敬拜上帝，聚集了很多人。

這些人中，想要建立國家，有深遠圖謀的人，有東王楊秀清，西王蕭朝貴，南王馮雲山，北王韋昌輝，翼王石達開，天官丞相秦日昌（即秦日綱）六人。

道光二十七八年（一八四七—一八四八年）上下，廣西賊盜四起，擾亂城鎮。各居戶多有團練，團練與拜上帝之人，兩有分別。

拜上帝人與拜上帝人一夥，團練與團練一夥，各自爭氣，各自逞強，因而逼起。

起事之時，團練與拜上帝之人同村，亦有一村隔一村者，故而聚集。

道光三十年（一八五〇年）的六月，在金田花洲、六川、博白、白沙石四個地方不約而同在同一天起義。

起義之時，天王在花洲山人村胡以晃家內密藏，並無一人得悉。

那時東王、北王、翼王、天官丞相都在平南縣所管的金田山人村，與藤縣相連。

起義的地方，和我家西隔七八十里，都是很難行走的山路，此時，我在家裡知道金田起義的消息。

金田村的東王，派人馬來花洲，接天王到金田會集。到金田村以後，轉移兵營上到武宣縣的東鄉三里，招齊拜上帝的人，招齊武宣縣東鄉的人，又到象州招齊拜上帝的人馬，仍然返回到金田新墟，屯紮了數月，分水旱兩路向永安州進發。

此時我在家中得到消息，旱路的兵都從我家中經過，從梧州的藤縣五十七都大黎裡而上永安。

我因為在家貧寒，父親養我兄弟二人，弟弟叫李明成，家中的辛苦，度日如年，靠種山幫工勉強就食。

西王在我家的近村居住過，曾經傳過命令：凡是拜上帝的人不必害怕，也不必逃跑，就像一家共同吃飯。臨要行兵移營的時候，凡是拜上帝的家，房屋都要放大火燒掉，家庭貧寒沒有糧食，所以我就跟從了他。

鄉下的人，不知道出門行遠路，走到百十里以外，就想回頭了，後面又有追兵了。

一路北上到永安，攻破了永安，就立即在和池屯紮了好幾個月。

後來賽尚阿中堂及烏、向大軍從四方圍困了我們，內外不通。幸好後來從一條小路而過招平，卻被烏大帥大軍追趕，殺死我朝的男女及兵三千餘人。

大家見形勢逼迫，第二天齊心協力與烏軍死戰，也殺死了烏軍四五千人。烏帥也被打傷了，後來在六塘墟就死了。

自從我們殺勝之後，東王傳令：不走招平、平樂。

之後我們圍困了桂林，一月有餘，攻打未下，退軍由象鼻山渡河，由興安縣到全州。南王在全州陣亡，計議即下道州，打永明，破江華縣，招集湖南道州、江華永明的民眾，足有二萬多人。

後來又移師到郴州，又招集了二三萬人，茶陵州也招得數千人。

西王蕭朝貴帶領李開芳、林鳳祥等來攻打長沙，此時我還是個普通小兵，還沒有任事，西王到長沙攻打，在長沙南門外的戰鬥中中炮身亡。

天王和東王又帶領軍隊來長沙，攻打了幾十天還是沒有成功。

我們的軍中雖然有糧食，但卻沒有油鹽可食，所以攻城的事就沒有繼續下去。天王在長沙城的南門製造玉璽，呼稱萬歲，他的妻子稱娘娘，封東、西、南、北、翼王，封王在前面，天王呼稱萬歲在後面。

玉璽製成，攻城未下，要打算放棄移師了。想從益陽縣，靠洞庭湖邊而到常德，目的是取湖南作為根據地。等到了益陽縣後，卻意外地搶到了民船好幾千隻，就改變計畫，沿長江順流而下，經林子口而出洞庭湖，到了岳州，分成水旱兩路而下湖北。

攻破岳州城，得到了吳三桂以前藏在這兒的兵火器械，就搬運到船上，直下湖北，一攻破漢陽，得漢口，困武昌，攻打了二十多天終於攻破武昌城。

之後卻沒有守衛武昌城，放棄了。直接打到陽邏，攻破黃州，攻取蘄水、九江，攻破安徽省，都是水旱兩路並行，趕下江南，將南京城四面圍困，攻打了七天，攻破了鳳儀門，水面船隻有一萬多，各個船隻都載滿了糧食。

此時天王和東王還想分兵鎮守江南，然後攻取河南以成大業。有一老年湖南水手，親自稟告東王，勸阻前往河南，說：「河南河水小而沒有糧食，被敵人圍困了就不能救解了。你們現在攻取了江南，有長江的天險，又有船隻成千上萬。南京是帝王之家，城高池深，民富食足，為什麼不立為都城而要去往河南呢？」又說：「河南雖然屬於中州的地方，論及據險穩守，其實比不上江南，請東王深思。」

東王就沒有去攻河南，移天王駕入南京城，改名為天京，定為都城。

開設軍隊，整立營規，東王輔佐政事，事事嚴整，立定法律，安定民心，將南京城內的男女分別成男行和女行，各種工人藝匠也是各歸各行，願隨營者隨營，不願隨營者各歸民家。要想出城門離開南京城的，只准手提著或舉著，而不准用擔挑著行李。男的和女的不准交談，母親和兒子不能一起說話，嚴嚴整整，民心佩服。為了安定民心，須出一道嚴令，任何軍官任何兵勇，敢進入民房的斬不赦，法律嚴酷，所以癸醜年間上下戰事總是順利，民心都服。

東王的條令很嚴，軍民畏懼，東王自己就越來越威風張揚，不知所忌了，整個一朝之大，他成了第一人了。

北王韋昌輝和翼王石達開、秦日昌，都是齊心在家計議起事的領導人，被東王威逼大過了，積怨於心，口順而心怒，積怒仇深。東、北、翼三人不和。北、翼二人同心，一怒於東，終於東王後來被北王將殺害了，本來原是北王和翼王二人一起密議。又因為東王由於被天王很信任，權勢太重，更要逼天王封他也做萬歲。那時候權柄都在東王一個人的手上，天王也被逼得不得不封他。

北翼兩王不服，密議只殺東王這一個人，除此以外，俱不得多殺。北王殺東王之後，盡將東王統下親戚屬員文武大小男婦盡行殺淨，是以翼王義怒之。北王又打算將翼王也殺害。

翼王知道這事後，就吊城從南西門逃出去了，走上安徽，計議報仇。

這時北王將翼王全家都殺了。

後來又調洪山的軍隊去救寧國，翼王親自看了，果然是那樣。

再後來翼王回到京城，全朝的文武百官都同時推舉翼王機理政務，眾人歡悦，天王獨不樂，只專用安福兩王。安王就是天王的長兄洪仁發，福王就是次兄洪仁達，主用這二人，朝中之人甚不歡說。

此兩人又無才情，又無算計，一味固執，與我天王一般的心思，只知道挾制翼王。是以翼王與安福王兩個人結怨，終於被天王猜忌被迫出了京城，現在還在遠征而不肯回來的原因，就是這個。

翼王和安福兩王相鬥終於翼王他去往別處，東北王又都死了，秦日昌也因為韋昌輝與東王相殺，秦日昌也死在其中了，國中一時無人。經過我朝大臣的查選，查得十八指揮的陳玉成，二十指揮的李秀成，贊天安蒙得恩，侍天福李世賢，於時就早這班人出來輔助國政了。

自困天京五次，皆苦我一人四籌解救，善心用意，和就外臣。

我今日人人悉我忠王李秀成之名號，實在我舍散銀錢，不計敵軍將臣，與我對語，亦有厚待，民間苦難，我亦肯給資，故而外內大小，人人能認我李秀成者，因此之由也。

非我有才，朝中非我之長，長者，重用者，我天王是一重幼西王蕭有和，第二重用王長兄洪仁發、王次兄洪仁達，第三重用幹王洪仁玕，第四重用其駙馬鐘姓、黄姓，第五重用英王陳玉成，第六方是秀成也。英王死後，正將英王之事交與我為。我不過秦為秦，在楚為楚，自盡一心。

十三年十一月，天京圍急，我母親在京，難離難舍，骨血之親，故而輕騎連夜趕回京。到京次日，上殿奏主：「京城不能保守，曾帥兵困甚嚴，濠深壘固，內無糧草，外無救兵，請棄城遠走。」

天王大怒，嚴責說：「朕奉上帝聖旨，天兄耶穌聖旨下凡，作天下萬國獨一真主，何懼之有！不用你奏，政事不用你理，你欲出外去，欲在京，任由於你。朕鐵桶江山，你不扶，有人扶。你說無兵，朕之天后，多過雨水，何懼曾妖者乎！」

又奏：「合城無食，男婦死者甚多，懇示旨降，如何籌謀，以安民心。」

天王降詔說：「合城俱食甘露，可以養生。」

我等朝臣大驚，奏云：「此物不能食得。」

天王云曰：「取來做好，朕先食之。」

大概三月將盡、四月將初的時候，天王已病，四月二十一日病故。此人之病，不食藥方，任病任好，不好亦不服藥，是以四月二十一日身亡。

天王之病，因食甘露病起，又不肯食藥方，故而死也。亦是其無福處，害死庶民。

幼主登基之後，軍又無糧，兵又自亂。九帥（指曾國藩弟曾國荃）沿城打開缺口多處，合城文武，無計可施。

六月初六日早，破城之時，個個向我流涕。我由太平門敗轉，直到朝門，幼主已先到朝門，及天王兩個小兒子並到，向前問計。

此時，我亦無法，獨帶幼主一人，其餘不能提理。幼主又無馬坐，將我戰騎交與他坐，我騎不力之馬，直到我家，辭我母親、胞弟、侄，帶主上青涼山避兵勢。斯時亦有數千餘人。

衝出城之後，過九帥營寨，疊疊層層，濠深壘固。幼主出到城外，被九帥營中，營營炮發，處處喊聲不絕。

我和幼主被九帥曾國荃的步兵、騎兵衝散。我雖然和他一起出了城外，但不知分離後他是生是死。幼主是個十六歲的幼童，從小到大，從未騎過馬，也從未受過驚慌，九帥追兵四面合圍，想必他已經被殺。如果九帥的兵馬是在亂軍中殺死他的話，一定不會知曉他是我國幼主，就這樣一個小童，誰人料得到他會是我國幼主？

出城與幼主被衝散後，我的坐騎不能行走。該騎在城中交戰一日，它本身又不是戰騎，腳力不足，又半日未能進食，從夜晚走到天明，我的隨從全部走散，戰馬已不能再走。

真是無可奈何，自己沒有戰馬不能遠走，只好逃上荒山暫避，一日一夜沒東西下肚，飢餓萬分，無力行走。

可惜我的戰馬讓給幼主騎去，它和幼主現今生死未知，如若我騎的是我原來戰馬，早已遠走高飛了。

在這荒山破廟之內躲避，卻被荒山山下的鄉民發現了。

這些鄉民眼看天京城被攻破，猜想必有人到山躲避。這些貧民都懷揣著發財的心思來了，是我命中該絕，不能脫逃。我身上帶有珍寶，用縐紗帶捆帶在身，真是神差鬼使，我到了這座破廟停息，又把這些珍珠寶物吊在樹下，在我寬身乘涼之際，這些一意掠財的鄉民來了。看見來人甚眾，我和手下的二三人都心驚慌亂而逃，忘記了收寶物。那些鄉民緊緊追來，問：「爾身有錢，交過與我，我不要爾性命。」

我腹中飢餓，想逃逃不了。

百姓追近仔細看我，認出我是忠王，一齊下跪，眼中流淚。

見百姓如此對我，有救我的心思，於是我自願折回破廟，準備取吊在樹上的珍珠寶物相酬。

哪想到這些鄉民追我下山後，另有鄉民在破廟上取走了吊在樹上的寶物。

我只好空手和這夥鄉民回來。眾鄉民勸我剃頭，我心不願。他們說：「我不肯剃頭，我們不能送你出逃。」

百姓又是苦求。

我對他們說：「我是大臣，我現在已經國破主亡，若不能逃出，被獲解送大清帥臣，我也沒有什麼好說的。如果命不該絕，逃出生天，我剃頭了，就難以面對我從前手下的官軍。」拒絕不剃。

鄉民又苦勸多時，這才按照他們說的，剃去了一些鬍鬚，這就是剃須的緣由。

然後這夥百姓祕密把我藏起來。

那些在廟裡拿了寶物的鄉民回來了，其他鄉民見利眼紅，開始紛爭。

收藏我的這些鄉民去找拿了寶物的鄉民，要平均分配那些寶物。

拿了寶物的鄉民說：「你們問我寶物，這些寶物是天朝大頭目才有的，你們一定已經捉獲了這個大頭目。」咬定收藏我的鄉民收藏了我，兩相並爭，我終於藏不住了，被他們獲拿，解送前來。

以上文字，俱是從《李秀成自述》摘錄和改譯而來。

因為幾件寶物，大英雄虎落平陽，終於招來殺身大禍。

兩夥鄉民將李秀成獻與曾國荃手下將領蕭孚泗。

曾國荃恨李秀成殲滅湘軍太多，拿了刺刀和尖錐，準備將李秀成千刀萬剮，命令兵卒用刀割李秀成大腿上的肉。李秀成紋絲不動。

曾國荃惱羞成怒，親自動手，短衣握錐，瘋狂地在李秀成身上亂捅亂刺，血流如注。

李秀成冷笑說：「曾老九，打仗各為其主，你這樣做又是何必呢。」

湘軍高級幕僚趙烈文敬佩李秀成為人，問他：「為何不早降？」李秀成答：「朋友之義，尚不可渝。何況我受天王爵位，能不為之效死！」又說：「我一死而已。但求能招服舊部，以活眾生，由此死而瞑目。」

於是，曾國藩就以「招服舊部，以活眾生」為誘餌，引誘李秀成寫就《李秀成自述》。八月七日，五萬多字的「供詞」寫就，李秀成就被曾國藩處死，而供詞也被刻意刪改五千多字，並且，自七十四頁之後的後面部分悉數毀去。

對於李秀成這麼配合，曾國藩心中也多有愧疚，行刑前，特意派幕僚李眉生相告說：「國法難綰，不能開脫」。

李秀成並不感到意外，神色如常，說：「罪將一身屈錯，未逢明良。今見老中堂恩廣，罪將定要先行請一方酬報。昨夜深惠厚情，死而足願，歡樂歸陰。」

也因為是這個原因，李秀成沒有像石達開等人那樣遭受凌遲酷刑，而是砍頭快死。

臨刑前，李秀成毫無戚容，談笑自若，賦絕命詞十句，「敘其盡忠之意」，時年四十二歲。

幼天王洪天貴的幾份自供詞和三首述懷詩

一八六二年五月底，曾國藩揮軍進圍天京。

曾國藩將自己的指揮部設置在雨花臺，命令彭玉麟率水師駛進河口，堵死天京城的水路出口。坐鎮蘇州的忠王李秀成會同侍王李世賢、護王陳坤書等十三王領軍四十萬，號稱六十萬，三路來救。天京城外，遂成為了一個巨大的絞肉機。

幾十萬人互相廝殺，每日都有上千人離開人世。

曾國藩的湘軍極是兇悍，頂著太平軍的如海如潮的攻勢，血拼了五個多月。

到了十一月，天氣越來越寒冷。

誠如曾國藩的幕僚王闓運所說：「太平軍向來罕打慘烈的肉搏戰，平時不過倚仗大炮的聲勢震嚇對手，等對手稍微恐懼，便發動衝鋒。而且，太平軍的將領驕橫不得人心，自己又惜命怕死，總體來說，後期的太平軍沒什麼優秀將領，軍隊全是烏合之眾，作戰力遠不能與金田起事之初相比！」

果然，李秀成眼見解圍無望，匆匆於二十六日下令撤軍，轉而進軍長江北岸，希望借此調動湘軍，以減輕天京的壓力。

可是，李秀成所部太平軍，經過天京城下長長幾個月的廝殺，已成疲兵，竟然沒能攻克一座安徽以北的城池，遑論牽制天京城下的湘軍？

而李秀成遠離了自己的基地蘇州，戈登的「常勝軍」即從常熟殺出，連克昆山、太倉、陽新、江陰，於一八六二年底佔領了蘇州。

蘇州既失，天京遂成孤城。

李秀成只好停止北伐，殺入天京，苦勸洪秀全棄城遠走，他日徐圖再起。

已經過慣了帝王生活的洪秀全拒絕接受現實，切責李秀成說：「朕鐵桶江山，爾不扶，有人扶。爾說無兵，朕之天兵多過於水！」

洪秀全不走，等待他的將是坐困待斃的結局。

但是，洪秀全命好，天京尚未失守，他已於該年六月一日壽終正寢，安詳地離開了人世。

洪秀全已經升天拜會上帝，眾人便於六月六日擁洪秀全的兒子洪天貴「登基」。

洪天貴時年十六歲，是為幼天王。

一八六四年七月十九日，湘軍一鼓作氣，用炸藥炸裂了天京城牆，洶湧而入。

李秀成率千餘將士死護幼天王出逃。

由於湘軍的濠壘層層疊疊，在一連串的左衝右突過後，君臣走散。

李秀成英雄失路，於一座破廟中被俘。

幼天王則在將士護衛下輾轉到達了浙江湖州，與堵王黃文金、輔王楊輔清、幹王洪仁玕等人會合。

這時候的太平軍，已如晨曉殘星，光景難再。

清軍進圍湖州，太平軍支撐不住，四散奔逃。

這次，護衛幼天王出逃的是幹王洪仁玕。

洪仁玕和幼天王一路竄遁，到了江西東南部石城的楊家排，中了清軍的埋伏。洪仁玕和尊王劉慶漢、昭王黃文英等人被擒殺於南昌。幼天王孤身逃脫，在荒山老林中胡亂遊走，最後，也於十月二十五日被清軍擒獲。

十六歲的幼天王落入清軍手裡，還妄想著可以「坦白從寬」，先後寫了八份乞命求饒的親筆供詞和詩文。這些供詞和詩文如實地述說了太平天國南京生活的許許多多細節，原汁原味，成為了後世研究太平天國的重要史料文獻，且讓我們摘其中一二，看一看，裡面到底都說了些什麼。

洪天貴福親書自述之一（節選）：

四月初十老子起病。是天，他出來坐殿，我乃看見，後我總未見他了。十九日老子死畢，是遣婦官來葬的。葬在新天門外御林苑東邊山上。（注：從洪天貴這份自述裡，很容易看出，洪秀全並不是曾國藩所說的投環自絕於天下，而是無疾而終，善終。）

六月十六日午時，官兵攻破城池，我在樓望見。我乃下樓出到榮光殿，忠王乃入朝帶我出。他從壟口到芳山被擒了（注：從這兒可以查知李秀成被捕地點）。尊王帶我從淳化鎮到廣德。總是養王吉慶元帶路。吉慶元帶我們走，他欲帶我去建平，我知是錯路。又被我曉得到廣德，昭王在四安，是日昭王即上來見我。後幾天，幹王、恤王從湖州來見我（注：洪天貴文化水準低，但這段敘述好歹是交待清楚了他從天京出逃後的逃跑路線）。

洪天貴福親書自述之二（節選）：

老天王死畢，埋在新天門外御林苑東方嶺上，不用棺木（注：不用棺木，是洪秀全自己制訂的殯葬制度），是使女官葬的。老天王的父親名叫洪鏡揚，有個細亞媽在南京未出。老天王有八十八個妻（注：夠荒淫無度！）。我有兩個弟，一個光王洪天光，一個明王洪天明。我有三個伯，王長兄信王洪仁發在西門跳水死，王次兄勇王洪仁達未出城，來到壟口被官兵拿了。忠王李秀成帶有壹百多人，從石牛石馬處到芳山被官兵拿了。獨恤王仁政伯到楊家牌，亦被官兵擒了。

洪天貴福親書自述之三（節選）：

讀過天朝十全大吉詩、三字經、幼學詩、千字詔、醒世文、太平救世詔、太平救世誥、頒行詔書。

前幾年，老子寫票令要古書，幹王乃在杭州獻有古書萬餘卷。老子不准我看，老子自己看畢，總用火焚。我見書這多，老子不知，我拿有三十餘本，藝海珠塵書四五本、續宏簡錄卷四十二卷四十三共二本、史記兩本、帝王廟謚年諱譜一本、定香亭筆談一本，又洋人之博物新編一本，還有十餘本書。自我登基之後寫票要有四箱古書，放在樓上。老子總不准宮內人看古書，且叫古書為妖書（注：洪秀全式的愚民政策）。

朝內有一鸚鵡會講話，天天唱云：亞父山河，永永崽坐，永永闊闊扶崽坐（注：洪秀全是廣東花縣人，講廣東客家話，教給鸚鵡的應該也是廣東客家話）。

我有四妻：姓侯，安慶人；姓黃兩個，廣西人；姓張，湖北人。

我有兩個弟：光王洪天光、明王洪天明，兩人均十一歲。

老子在前殿，我在左殿上屋，明王在下屋，明王后又遷居金龍殿左室，光王在金龍殿，眾媽在右殿。

本年四月十九夜四更老子病死。二十四日眾臣尊我登位，名叫幼天王。出城是忠王、尊王、養王救我出的。

洪天貴福在南昌府供詞（原題「南昌府訊洪天貴福供壹本」）（節選）：

據洪天貴福供：年十六歲，在廣東花縣生長。父親老天王洪秀全，今年五十三歲，有八十八妻（再注：夠荒淫無度！）。我係第二房賴氏名蓮英所出，現年四十多歲。我有兩個兄弟，均係十一歲，一名天光，封為光王，係第十二母陳氏所生；一名天明，封為明王，係第十九母吳氏所生。並有兩姊三妹，均不同母的。我有四妻，年紀均與我相仿，一侯氏，一張氏，兩個黃氏，均未生子。我自五歲隨父到南京，六歲時讀書，同一個姊子名天姣係長我十歲的，教我讀書，並無先生。（注：由此，洪天貴文化教育程度不高的原因找到了）

我在南京夫妻五人住在宮內左殿，父親住在前殿，生母住在右殿，天明弟住在我之下首，天光弟住在金龍殿，宮內共有七八個殿。那幹王洪仁玕是我族中疏房叔子，於己未年到南京來的。

父親平日常食生冷，自到南京後以蜈蚣為美味，用油煎食（注：怪人怪癖）。於今年自四月初十日起病，四月十九日病死。因何病症，我亦不知。屍身未用棺槨（注：這是洪秀全自己制訂的喪葬制度），以隨身黃服葬於宮內御林苑山上。宮內有前後兩個御林苑，父親葬處係在前御林苑，距父親生前住的前殿隔有兩個殿。

王長兄信王洪仁發、王次兄勇王洪仁達、幼西王蕭有和們就於四月二十四日扶我接位為幼天王。一切朝政係信王洪仁發、勇王洪仁達、幼西王蕭有和及安徽歙縣人沈桂四人執掌。洪仁達並管銀庫及封官錢糧等事。兵權是忠王李秀成總管。

洪天貴福在江西巡撫衙門供詞（原題「本部院親訊洪天貴福供壹本」）（節選）：

我，廣東人，自少名洪天貴，數年前老天王叫我加個福字，就名洪天貴福。登極後，玉璽於名字下橫刻真主二字，致外人錯叫洪福瑱（注：洪天貴的名字混淆原因此處可以辨清，洪天貴、洪天貴福、洪福瑱）。現年十六歲，老天王是我父親，他（注：此處應該用「我」）有八十八個母后，我是第二個賴氏所生。九歲時就給我四個妻子，就不准我與母親姊妹見面。老天王做有十救詩給我讀，都是說這男女別開不准見面的道理，我還記得幾首。我九歲後想著母親姊妹，都是乘老天王有事坐朝時偷去看他。老天王叫我讀天主教的書，不准看古書，把那古書都叫妖書，我也是偷看過三十多本，所以古書名色也還記得幾種。從來沒有出過城門。

本年四月十九日，老天王病死了。二十四日，眾臣子扶我登極，拜了上帝，就受眾人朝賀。朝事都是幹王掌管，兵權都是忠王掌管，所下詔旨都是他們做現成了叫我寫的，以後我就叫幼天王。我四個妻子都叫幼娘娘。

六月初六日五更，我夢見官兵把城牆轟塌，擁進城內。到了午後，我同四個幼娘娘在樓上望見官兵入城來了，我就往下跑，幼娘娘拉住不放，我說下去一看就來，便一直跑到忠王府去了。（注：洪天貴文化水準雖低，天京失陷情景卻述說得歷歷如畫）忠王帶我走了幾門，都衝不出來，到初更時候乃假裝官兵從缺口出來，才出來十多人就被官兵知覺，尾後都被截斷了。

到廣德州只剩數百人，就約堵王等分路來江西尋康王、侍王。沿途節節打仗，不計次數。

到那日到楊家牌，我就說，官兵今夜會來打仗，幹王們都說官兵追不到了。三更時候四面圍住，把我們都打散了。官兵追得緊，我過橋吊下馬來，他們把我扶過嶺。官兵追到，我與身邊十幾個人都擠下坑去。官兵下坑來，把他們全數都拿去了，不知何故單瞧不見我（注：三更半夜，當然看不見了，傻小子！）。

我等官兵望前追去，獨自一人躲入山裡，藏了四天，餓得實在難過，要自尋死。忽然有個極高極大的，渾身雪白，把一個餅給我，我想跟他去，他便不見了。（注：洪天貴的深山奇遇記，如果洪天貴是個劉邦式的能人，成了大事，估計那「極高極大的，渾身雪白」義贈饅頭的人會被他的諛臣說成是神仙下凡搭救真龍天子了）我將餅吃下就不餓了。又過了兩日，下山到唐姓人家，我說是湖北人，姓張，替他割禾，他給我飯吃。他那裡有人剃頭，我就順便也剃了。住了四日，唐姓人叫我回家。我就走到廣昌的白水井，問人說是往建昌的路，我怕建昌有官兵，就回頭。有一個勇說我是長毛（注：長毛，即百姓和清政府對太平軍的稱呼），把我衣服剝去了。又走了瑞金地界，就有一個勇叫我替他挑擔，我說不會挑（注：可憐嬌生慣養的洪天貴，手不能提、肩不能挑，只是一個可以自行行走的飯袋），又回頭走到石城地界，就被他們把我帶到營中。

唐老爺待我甚好，我的話都告訴他說了。那打江山的事都是老天王做的，與我無幹（注：一句

「與我無幹」就想撇清關係，幼稚啊）。就是我登極後，也都是幹王、忠王他們做的。廣東地方不好，我也不願回去了，我只願跟唐老爺到湖南讀書，想進秀才的（注：天真的洪天貴，還想讀書，還想考秀才，下輩子吧）。是實。

洪天貴以為，自己表現得這麼配合、這麼老實、供認不諱，大概、也許、或者、萬一會免除一死，可是，清廷最後的命令是：「該犯係洪秀全之子，妖魔小丑，漏網餘蟲，不值檻送京師。著在江西省城凌遲處死，以快人心。」

由是，洪天貴在南昌遭受到了千刀剮刮的凌遲酷刑。

附洪天貴福贈送給他認為「待我甚好，我的話都告訴他說了」的「唐家桐哥哥」詩三首，進一步證明其文化程度不但低，也毫無生活經驗、政治方向。

其一：

跟到長毛心難開　東飛西跑多險危
如今跟哥歸家日　回去讀書考秀才

（評說：跟著別人罵太平天國是「長毛」，洪天貴的覺悟真「高」啊。到了巢覆卵碎之期，還想著做順民，可憐。）

其二：

如今我不做長毛　一心一德輔清朝
清朝皇帝萬萬歲　亂臣賊子總難跑

（小編評說：這首的覺悟更「高」，稱自己一夥是「亂臣賊子」，可是，醜表忠，「一心一德輔清朝」、拍馬屁，「朝皇帝萬萬歲」，都救不了你洪天貴的一條小命了。）

其三：

如今跟到唐哥哥　唯有盡弟道恭和
多感哥哥厚恩德　喜謝哥恩再三多

（評說：這首拍錯地方了，什麼「多感」、什麼「喜謝」都沒有用，「唐家桐哥哥」不過一平頭小民罷了。）

沃王張樂行，名氣比石達開大，死狀也比石達開慘烈

論及中國歷朝歷代刑法之酷，莫過於清朝。

而清朝又以「滿清十大酷刑」令聞者心驚、見者色變。

「滿清十大酷刑」中，當以凌遲最為慘烈。

清末，太平天國運動失敗後，凡被俘獲的天國將領，無一能逃凌遲處死的命運，石達開、陳玉成、李秀成，以及只有十六歲的洪秀全之子幼天王洪天貴福，全都被處以凌遲慘刑，慢剮細割，直到身上的血液流盡，肌肉只滲黃水，仍不得速死，真是慘絕人寰。

但是，和有一個人，雖然與石達開等人同為凌遲，但在實施過程中所遭遇的待遇，又比石達開等人更慘烈上數倍。

這個人就是清末大梟雄張樂行。

張樂行是安徽渦陽（今屬安徽省亳州市渦陽縣）人氏，地主出身，家境富裕，為人有點像《隋唐演義》裡面的單雄信單二哥，急公好義，扶危救困，愛打抱不平，嫉惡如仇，深受百姓的愛戴。

一八五二年，皖北鬧饑荒，民不聊生。

張樂行散盡家財賑災仍無濟於事，為了活路，被迫鋌而走險，發起撚軍起義，勢力遍及蘇魯豫皖等地方，且一度稱「大漢明命王」。

不過，張樂行這個「大漢明命王」的力量遠不能和同期的太平天國相比。

一八五七年，張樂行與陳玉成接洽，更換為太平天國旗幟，聽封不聽調，被封為成天義，任征北主將，後又改封為沃王。

一八六二年，陳玉成兵敗被捕，張樂行孤軍不敵僧格林沁，在亂軍中僅率十餘騎突出重圍，馳至阜陽馬家店，繼又夜走西陽集（今渦陽縣西陽鎮），投奔藍旗撚頭李家英家借宿。

李家英既是藍旗撚頭，也是張樂行的表親，張樂行認為是沒有問題的。

但李家英早已向清軍投降，張樂行此行乃是自投羅網。

為了殺一儆佰，僧格林沁對張樂行的處罰極為殘忍。

是年二月十八日，僧格林沁在義門大周營先於張樂行之前對其子張喜、義子王宛兒施以活剮極刑。

滅絕人性的劊子手，一邊用利刃行刑，一邊將張喜、王宛兒的肉割下強行塞到張樂行的嘴裡。

張樂行把肉吐到了劊子手的臉上，大罵劊子手的祖宗十八代。

劊子手惱羞成怒，用利鉤把張樂行的舌頭勾出，撕爛。

張樂行口不能罵，就用目光來表示自己的憤怒，瞋目而視，因為太用力，眼角都睜裂了，流血不止。

劊子手剮斃了張喜、王宛兒，開始對張樂行動手了。他們用鐵鉤將張樂行的大腸從肛門勾出並拴在馬樁上，寸寸切割，生怕張樂行的痛苦程度不夠，每割一刀，都澆上鹽水。而當張樂行因為劇痛昏倒，劊子手必要用冷水將之澆醒才繼續施刑。

整整一天下來，張樂行被被剮了一千多刀，但始終沒有叫喊求饒，最終只剩頭顱完好。

留下頭顱是有目的的，一則是要張樂行能親眼看到自己全身的肌肉被一片片剮下，再一則是要留下完好的頭顱示眾。

可以說，張樂行所受慘刑，乃是千古罕有。

張樂行死後，渦河兩岸的人民沉痛無比地傳唱著這樣的歌謠：「看看義門好心傷，想起沃王淚汪汪，看著地在人不在，太陽從此失了光……」

張樂行死後一百年，其後人及家鄉人民在他的故居打造了一座張樂行塑像，以示紀念。

太平天國末期想與歐美諸國瓜分中國？

西元一八六四年，天京陷落，忠王李秀成英雄失路，被清軍擒殺。李秀成的堂弟侍王李世賢率汪海洋、陸順德等度梅嶺入廣東，再經廣東入福建，斬清福建提督林文察轉，佔據了漳州等地。侍王李世賢為了翻盤，於一八六五年三月四日發出《致美英法各國公使書》，希冀聯合洋人，共同瓜分中國土地，全文（為了方便讀者閱讀，作者已全文改譯）如下：

侍王李世賢致美英法各國公使書。

天朝九門御林忠正京衛軍侍王李世賢敬啟大美、大英、大法蘭西諸國欽差大臣貴士兄台閣下：

盤古開天闢地以來，我中國王朝更替、次第相傳，從不更斷，由神農氏而到堯、舜、湯、周，再由秦、漢、魏、晉傳到唐、宋、元、明。回顧久遠的中國歷史，所經歷的苦難何止萬千！不過，中外一家，中國和歐美諸大國向來相親相愛，從沒有過過節，也不分地域南北。可惜李世賢生得太遲，未能趕上好年景，與諸大國一同慶祝太平盛世。

現在，根據世界地圖，考證文獻，可以清清楚楚地知道共用太平的原因。我覺得，此前我中國謹慎地守護著自己的土地，也是害怕我中國亡了諸大國也會受滅亡的危險；我中國與鄰國友好相交，也是在以大國的身分保護著小國。

想想看，我中國由明、元兩代往上追溯，相鄰的千百個國家入境納貢訪問，都彼此友好、互不侵犯。只有滿清之類的狐奴出生在異地，日夜窺伺、時時惦記，要吞併我中原。所以，我中國與遼東諸國特地修築了長城以作防備。哪想到明朝末年誤引這些奸邪異類進入了內地，中了他們的陰招，致使中國人民受污辱二百多年。凡是英雄豪傑，哪個不為此事歎息流淚！原來與我中國友好相交的諸大國，想必也深為痛恨，甚至早就想高舉義旗，斬殺妖類。只不過中國無人，斬了妖類的首級也不知道應該交給誰。

值得慶倖的是，天父上帝並不希望漢族人民就此滅亡，為了摒除胡奴，特派我主轉世下凡。我主到了凡間，定基金陵，十有餘載，剿滅狐奴，有幾千萬之數。這期間，和諸大國的英雄豪傑也都兩相和好，買賣如常。像江蘇、廣東、浙江、河南等省份，諸大國的大臣、貴士，全都可以自由自在地遊歷其間，照常貿易，誠不愧為亂世中的美事。

李世賢遵奉主命，在朝廷之外專事征伐，掃除狐種。現在已經攻克漳州，駐兵福建，欣聞眾貴士兄台就在不遠的地方，因此寫下這封信，由潮州大埔的子民專呈，伏乞眾貴士兄台收閱，念著從前唇亡齒寒的友誼，洞悉以大事小的因由，大發雄兵，同滅清妖，同襄義舉。這樣，就可以為天下百姓造福，開創世界和平。

天父上帝、耶穌尊教，其初衷就是恩憐救護、博愛無私。現在，普天下人民都爭先恐後地信教尊教。我主未登大寶位前的數十年間，就開始敬奉尊教了，舉止飲食，沒有一件不是按教義教規進行的。我主還盛情禮請貴國羅孝全先生傳授教義給中國人民。我中國人民都敬服尊教。我中國人民目睹貴國醫治了中國無數病人，救護了中國無數殘疾人士，無不人人感激，個個都想多沾恩德。

所以說，貴國與中國誠為一本之親。滿清狐妖，崇信佛、老，藐視耶穌教主，禁教滅教，是我們共同的敵人。實際上，信教與不信教，是每一個人的自由，所謂宗教自由、信仰自由，各修各德，有什麼必要到處捉拿、殺戮信教從教尊教的人民？使得這些人民沒有立身之地？

在這種形勢下，我主發動義師與之爭戰，干戈四起，至今十數年。幸蒙天父上帝垂愛，又得藉著耶穌的德威，更兼得諸大國庇佑，攻開省郡多處，誅滅清妖無數。但清妖以十八省之大，再加以蒙古、漢軍相助，勁旅如林，軍需糧餉充足，迫切間要將其盡數斬盡殺絕，誠為不易。

古往今來，行軍打仗必須仗仰友軍的接應，立國總是依賴於鄰國的襄助。目前，諸大國之與我中國，真的是唇齒相依，大國小國互相照顧的時候。想想看，在我主未定江南之時，各位仁兄能得這樣隨便出入內地嗎？現在，東、西、南、北任你們馳驅，湖北、安徽隨便你們開展貿易。如果你們不與我們合作一鼓鏟平清妖，則我們缺少水師，勢必會受制於胡奴，只怕嘴唇沒有了而牙齒也會跟著掉了，請諸大國慎重地從長計慮。

如果諸大國相信我國，倚仗天父、耶穌的全權全能，保留尊教的體面，與李世賢議定章程，同誅胡虜。則眾仁兄專取水路，所得郡縣州城關隘，全部聽任眾仁兄台鋪派鎮守，所得財寶錢漕，全部歸你支配，李世賢絕不過問。且李世賢統兵專取陸路，所得郡縣州城鎮隘以及財寶錢漕，李世賢願與眾仁兄台共同平分。所有中外遠近的城邑，所有的大水關、大碼頭，也都全部歸眾仁兄台管理。在李世賢看來，只要得到了諸大國的水師，即便是跨海渡江，也無往而不利。

我國屬於開創初期，兵力未免單薄，軍需未免缺乏。假若眾仁兄台甘於袖手旁觀，不肯施援手相救，那清妖都貪得無厭的狐鼠肆威之輩，一旦挾制了我國，其禍勢必及於眾仁兄。眾仁兄仍想逍遙往來於江蘇、廣東、浙江、河南，只能在睡夢中去實現了。

李世賢萬般祈求眾仁兄台迅速發兵，立除餘孽，實現雙贏。成功之日，各鎮一方，兩下和好，萬代通商，同享太平之福，真是福哉美哉。

再：漳州城向以富足著稱，現在軍情平善，兵民兩安，生意買賣，極為熱鬧，金銀滿市。請眾仁兄台酌議撥移貨物船隻，內載一切洋物並銅帽洋火等商品前來，便可立即出售。如果擔心我軍兵士賢愚不一，出現強買強賣、甚至不付銀洋的現象，李世賢照價賠償，絕對不會失信於朋友。書到之日，祈賜回復，以免遠盼。

專此敬

太平天國甲子十四年十月初一日啟（一八六五年三月四日）

李世賢在信中提到的羅孝全是美國傳教士，此人於一八六〇年入天京見過洪秀全，他對洪秀全的評價寫在《北華捷報》上：「洪秀全性格暴躁，將他的暴怒重重的發洩在人民頭上，使一個男子或婦女因為一句話便成為罪犯，未經審判就將其立即處死。我並非單純從個人角度反對洪秀全，他一直對我很和善，但我相信他是一個狂人，沒有任何有組織的政府，根本不配做一個統治者。」「我相信他是個瘋子，完全無法使一個雜亂不堪的政府正常運轉。他同他的那些態度冷漠的王們無法組織一個政府，無法與人民同享利益，甚至無法與舊的帝國政府相比。」

羅孝全之外，英國的傳教士弗里茨也見過洪秀全，與洪秀全辯論過基督教教義，事後說：「教皇要能懲治洪秀全，早把他燒死了。他總是胡亂解釋《聖經》，我就與他辯論，如果他無理可辯了，他就說他到過天而你沒有，所以請你閉嘴，然後他發作他的神學歇斯底里症。」

附李世賢《致美英法各國公使書》原稿：

天朝九門御林忠正京衛軍侍王李世賢敬啟大美、大英、大法蘭西諸國欽差大臣貴士兄台閣下：竊我中國自混沌開天以來，神農啟宇而後，堯、舜禪讓，湯、武征誅，秦、漢、魏、晉之遞傳，唐、宋、元、明之接續，遙稽世代，屈數難終，而中外一家，固皆與諸大國式好無尤，無分略威（域）矣。賢生也晚，未獲遭逢景運，共慶聖明，而按之輿圖，考諸記載，亦得悉其原委，如在目前。伏思守土宇者，宜凜唇亡齒寒之戒；而交鄰國者，不亡（忘）以大事小之箴。我中國由明、元而逆計之，曆承環鄰千百國獻琛納貢，兩不相侵。唯狐奴生產異類，夙以窺伺為心，是以我中國與遼東諸國常防其奸偽，特築長城以禦之。不意明季引入內地，墮其術中，受其污辱二百餘年。凡屬英豪，誰不撫膺涕泣！即如諸大國誼屬鄰邦，恬關辱齒，諒亦隱深痛恨，思欲早舉義旗，奈以中國無人，斬付之無可如何之列耳！幸天父上帝不絕漢嗣，厭棄胡奴，特命我主定基金陵，十有餘載，剿滅狐奴，不知幾千萬數數。而如諸大國之英雄豪傑，均各兩相和好，買賣如常。且江、廣、浙、豫等省，諸大國之大臣、貴士，亦得遊歷其間，照常貿易，寧非美事。賢遵奉主命，閫外專征，掃除狐種。日前攻克漳州，駐兵該郡。欣聞眾貴士兄台在邇，喜出非常。此即修函馳遞，猶恐途中阻滯，因特將原啟繕錄，故著潮州大埔子民專呈，伏乞眾貴士兄台收閱，俯念唇亡齒寒之意，洞悉以大事小之原，給發雄兵，同滅清妖，同襄義舉，庶幾群黎造福，萬國咸寧。夫天父上帝、耶穌尊教，原屬恩憐救護，覆幬無私，舉凡普天大下之人，皆宜尊教恐後，故我主未登大寶之時，前數十年間，即敬奉尊教，舉止飲食，在在無違。並接貴國羅孝全先生傳授中國人民，同日（口）讚美。我中國人民，亦敬服尊教。目擊貴國之醫治中國無許廢人，救護中國之若干殘疾，無不人人感其仁慈，個個沾其恩德。是貴國之與中國，誠為一本之親矣。只狐妖崇信佛、老，藐視耶穌教主，硬頸不從。第從與不從，亦是各修各得（德），何又到處嚴拿信從尊教之人，無有立身之地。我主勢不得不起義師與之爭戰，干戈四起，迄今十數年。荷蒙天父上帝，耶穌德威，暨諸大國福庇，攻開省郡不為不多，誅滅清妖不為不眾。但該妖以十八省之大，加以蒙古、漢軍，勁旅如林，軍需糧餉充足，於此而欲克期滅盡，誠知其難已。試看古往今來，行兵必期於接應，立國總賴乎和鄰。目下諸大國之與我中國，真是唇齒相依，大小相顧之事也。當我主未定江南之日，眾仁兄台得人入內地乎？茲則東、西、南、北任其馳驅，湖北、安徽隨乎貿易。倘不共相會合，一鼓鏟平，則中國缺少水師，未能一朝撲滅，受制於胡奴，恐唇亡而齒以隨之，諸大國不得不長計慮耳。如諸大國相（信）我中國，仗天父、耶穌之權能，留尊教之體面，與賢議定章程，同誅胡虜。眾仁兄專取水路，所得郡縣州城關隘，悉聽眾仁兄台鋪派鎮守，其財寶錢漕，一併收納，賢毫不過問。至賢統兵專取陸路，所得郡縣州城鎮隘以及財寶錢漕，賢與眾仁兄台各得其半。其中外遠近之城邑，凡有大水關、大碼頭，亦歸眾仁兄台關撫。諒有此水師，雖跨海渡江，無有阻滯矣。我中國開創之初，兵力不無單薄，軍需不無缺乏。假令眾仁兄台甘於袖手，不為援救，則該清妖弁貪婪無厭，乃狐鼠肆威之輩，一經我中國被其挾制，勢必及於眾仁兄；於此而欲仍逍遙往來於江、廣、浙、豫也，未必然已。萬祈眾仁兄台，迅速發兵，立除餘孽，以全兩便，慎勿見吝，是所切禱。唯望一視同仁，將見成功之日，各鎮金湯，兩下和好，萬代通商，同享太平之福，豈不美哉。再：漳城稱富足，目下軍情平善，兵民兩安，生意買賣，甚為熱鬧，金銀滿市。伏乞眾仁兄台酌議撥移貨物船隻，內載一切洋物並銅帽洋火等項前來，自可立即出售。如慮及我軍兵士，賢愚不一，或有硬自取貨，不付銀洋，賢照價賠償，斷無失信於朋友之理。書到之日，祈賜回復，以免遠盼。

專此敬

太平天國甲子十四年十月初一日啟（一八六五年三月四日）

太平天國失敗後，有一支餘部曾橫行在南美洲大陸上？

近兩年來，網上鋪天蓋地地出現了「太平軍餘部在南美幫智利擊敗祕魯」的故事。

這故事，其實在很早的時間就流傳了，不過，由於故事太過荒誕，可信程度低，沒怎麼引起人們的注意。

而將這故事經過人為的渲染、誇張放大而變身成為人們所津津樂道和追捧話題的，是娛樂界的某才子。該才子原來的身分是音樂製作人，不知何故，突然放棄了音樂創作，熱衷於參加各種電視綜藝活動，擔任嘉賓，評點、選秀，甚至開設講壇，講歷史、講掌故，粉絲團龐大。

才子在講述「太平軍餘部幫智利擊敗祕魯」故事時，搖頭晃腦地說，大約是在一八六二年，一萬多名原屬侍王李世賢的太平軍餘部，在李世賢身死後，為了逃避清廷的絞殺，乘上了歐洲奴隸販子的輪船，遠渡重洋，到了南美祕魯的伊基克，成為了「契約礦工」。在從事挖鳥糞和硝石礦的工作中，受盡了祕魯礦主的打罵和虐待。一八六六年智利和祕魯、玻利維亞爆發了「硝石戰爭」，這些太平軍餘部在異國他鄉發動了他們人生中的第二次起義，回應智利軍隊，擊敗祕魯軍隊。戰爭結束，智利政府打算贈伊基克給他們成立一個自治鎮，但他們婉然拒絕，自願融入當地社會。

才子還言之鑿鑿地稱，現在約有四分之一的伊基克當地人有華人血統，他們的先祖，就是李世賢屬於的太平軍餘部。

故事讓人熱血沸騰，卻根本經不起推敲。

首先，李世賢的死亡時間就弄錯了。

李世賢是太平天國名將忠王李秀成堂弟，封侍王的時間是一八六〇年。彼年，他先是在蕪湖寧國府灣沚鎮（今屬宣城）殲滅清浙江提督鄧紹良軍，隨後又與陳玉成等合兵消滅清軍江南大營，得封為侍王雄千歲，爵稱「天朝九門御林軍忠正京衛軍侍王」。

一八六四年天京陷落後，李世賢率汪海洋、陸順德等經廣東入福建，在漳州一帶堅持鬥爭。

一八六五年，左宗棠率重兵入閩圍攻，李世賢力戰不敵，先逃永定，再逃鎮平（廣東蕉嶺），於八月二十三日被汪海洋殺害。

如果說，李世賢餘部真有流亡海外的，那應該是一八六五年八月以後的事了，不會是故事裡說的一八六二年。

再有，「硝石戰爭」爆發於一八七九年，結束於一八八三年，也並不是故事中所說的一八六六年。

話說，位於南美洲西海岸中部的安第斯山脈和太平洋之間的阿塔卡馬沙漠是個極為乾旱的地方，平均每年降雨量不足二．五毫米，稱得上是不毛之地，在十九世紀以前，人們都沒怎麼在意它。西班牙殖民統治時期就未對其劃定明確的歸屬權。玻利維亞、祕魯、智利三國獨立後，也只是將之大致地劃分了一下，並沒制定明確的邊界。可到了一八六〇年前後，人們在阿塔卡馬沙漠中部和北部發現豐富的鳥糞和硝石礦藏，由於鳥糞是優質有機肥料，硝石是歐美兵工廠用來製造火藥的重要原料，二者都可以通過商貿出口換取大量外匯，那麼阿塔卡馬沙漠就成為了你搶我奪的藏寶地了。

一八七九年，玻利維亞、祕魯、智利三國之間的戰爭爆發。

一開始，人們因為這場戰爭是在太平洋的一個角落發生的，因此給它命名為Pacific War，即「太平洋戰爭」。但第二次世界大戰東方太平洋戰場上又發生了一場極為殘酷的海陸大戰，則Pacific War（「太平洋戰爭」）這個詞發生了轉移，那麼一八七九年開始發生在智利、玻利維亞，祕魯三國之間的戰爭被人們改稱為「鳥糞戰爭」或「硝石戰爭」。

在這場戰爭中，的確出現了很多中國戰士，這些中國戰士甚至組成了一個中國團，在智利軍隊中作戰，而且屢建戰功。特別是他們積極參加了攻佔祕魯首都利馬的戰鬥，並因為這一決定性大捷而使這場戰爭以智利的勝利而告終結。

只不過，這些中國戰士並不是才子故事裡的太平天國李世賢餘部。

試想想，如果真有太平軍餘部於一八六五年流亡到了伊基克，那麼，一八七九年爆發「硝石戰爭」，已經是十四年以後的事了，則他們在這十四年時間內，歷經祕魯人的殘酷虐待和風雨的摧殘，還能剩下幾人？又還有幾人保存衝鋒陷陣的戰鬥力？

事實上，一九世紀被販往南美的契約華工死亡率高達百分之七五，平均勞動壽命只有五年。

那麼，出現在「硝石戰爭」中的中國士兵是怎麼回事？

原來，他們都是在十九世紀中期被販賣到美洲的中國勞工。

根據智利史料記載，從十九世紀五十年代，祕魯曾大量以販奴形式引進中國勞工，即所謂「豬仔」一度達十二萬人，在祕魯從事牛馬不如的奴隸勞動。

由於壓榨太過殘酷，造成華工大批量的死亡。當時的清政府也注意到了這一問題，並在十九世紀七十年代與祕魯談判簽訂了一系列條約，迫使其改善對華工的待遇。

李鴻章和恭親王均曾以強硬立場介入，並在一八七四年派遣晚清優秀外交家容閎前往祕魯收集確實證據，保護受到欺壓的華工。

雖然這些措施也起到了一定作用，但山長水遠，並未能從根本上改變華工的命運。

於是，「硝石戰爭」一開戰，華工們就參與到這場戰爭中去——他們看著智利軍隊打進祕魯，因而把這場戰爭視作一個解放自己的機會。

一九七七年九月出版的由祕魯學者溫貝托・羅德里格斯編撰的歷史文集《祕魯的苦力華工》一書詳細為我們揭開了祕魯華工參加「硝石戰爭」的經過。

由於祕魯對華工來說「簡直是一座無邊的地獄，他們血汗使山谷裡的河水都為之暴漲」。一八七〇年九月，帕蒂比爾卡谷地裡，華工占當地居民總數的百分之六一・四的「阿拉亞」種植園的華工不堪忍受壓迫，揭竿而起，搗毀了一個又一個種植園，甚至一度攻打沿海重鎮帕蒂比爾卡和巴朗卡。但在祕魯統治階級的鎮壓下，這次「規模和激烈程度在祕魯沿海地區史無前例」的大起義失敗了。一八七九年，當「硝石戰爭」爆發，華工們單純地認為「智利人會把他們從半奴隸狀態下解放出來」，他們積極協助智利作戰，在聖胡安（San Juan），米拉弗洛雷斯（Miraflores）等戰鬥中立下了汗馬功勞。

智利士兵在感激之餘，專門編了歌曲讚揚華工的戰績。

可是，戰爭結束後，獲勝的智利軍方卻把華工戰士戴上鐐銬，押送到邊境地帶的硝石產地，強迫他們從事奴隸勞動。

為什麼要這麼做？當時的智利軍隊統帥派特裡西奧・林奇在回憶錄中直言不諱地承認，他曾和祕魯種植園主談判，並把逃亡華工歸還給後者。這麼做的原因是由於當時智利正對祕魯實施軍事佔領，希望爭取該國上層人士（特別是大種植園主）的支援，並需要靠無償壓榨華工來獲得補給。

由此可見，「太平軍餘部在南美幫智利擊敗祕魯」的故事其實是歷史的誤傳、亂編瞎造。戰爭結束後，智利政府沒有想過將伊基克贈給華工，而是恩將仇報，把華工遣返祕魯或押送到伊基克繼續充當苦力。現在居住在伊基克的華人並不是什麼太平軍的後裔，而是來自廣東中山的新移民。

這片世外桃源記載有與太平天國有關的事蹟，正義還是邪惡

太平天國運動是清朝咸豐元年到同治三年（一八五一年－一八六四年）之間，由洪秀全、楊秀清等人發動起來的農民起義戰爭。

關於這場運動的性質，史學界存在著明顯的分歧，大致有兩種這樣的認識：

一、這是一場舊式農民革命。劉大年在《中國近代史研究中的幾個問題》一文中就說：「太平天國期間封建經濟占統治地位，社會生活中最普遍、最突出的是農民和地主的矛盾」，而「參加太平天國運動的群眾是舊式農民戰爭中的群眾。」因此，「太平天國是舊式農民革命的頂峰。」

二、這是一場帶有資產階級性質的革命。郭毅生在《略論太平天國革命的性質》一文中提出：「太平天國革命具有了迴異於以往單純農民戰爭的許多特點，其中如政治綱領中提出的平等觀念，否定專制神權和專制政權的思想，便帶有較為明顯的資產階級性質。」

但不管怎麼樣，太平天國運動最後還是失敗了。其失敗的教訓是非常深刻的。最主要的是領導核心沒有遠大的戰略眼光，從而使領導集團政治上過早地封建化，儘管嘴裡鼓吹的是「同教一家」，但並沒有真正為貧苦百姓著想，不能把更多的人團結到自己的陣營上，在脫離群眾的道路上越走越遠，最後遭到內外鎮壓，陷於失敗。

湖南省郴州市北湖區萬華岩鎮坦山村有一個天然形成的世外洞天，俗稱「天坑」，曾是太平天國運動

期間郴州百姓避戰亂的絕佳場所。

該「天坑」縱深達一三〇餘米，兩側的後壁刀劈斧削一般，雄偉奇詭。郴州市文物處工作人員說，咸豐年間，村民「趕兵（躲避兵亂）」時，就會有上萬人躲進「天坑」裡，外掛一面銅鑼，等銅鑼不響了，人們才從裡面出來。

現在，「天坑」底部還保存著一些防禦太平軍的城牆，城牆為石塊幹磊而成，全長四十一米，高五・五米，厚二・七米，城牆上部還有三處射擊孔，其內部地勢十分平坦，空間寬敞，容納數千上萬人不成問題。

在「天坑」附近，樹立著一塊咸豐十年（一八六〇年）的碑刻，碑名叫《坦山萬華岩敘》，上面記敘了太平天國期間太平軍兩度攻入郴州，以及當地百姓修復萬華岩明城牆、借此避險的歷史。其中特別提到太平軍兩次攻入郴州給當地百姓帶來的禍害，「兩番蹂躪，貪不僅貲財，害更甚於吊勒；入室明奸，活命者曾無一二，沿途遍捉絕嗣者不下百千，嗟乎！」

太平天國起義之初提出的政治主張是解救天下貧苦百姓，廢除舊有封建土地所有制，實現有田同耕，有衣同穿的太平盛世，但是從《坦山萬華岩敘》碑文的記載來看，其無疑已經走到了人民的對立面，則其失敗也就成為了必然。

附《坦山萬華岩敘》碑刻全文：

從古王公守險因水土以修高壘，後世重門待客而設崇圻，其所以防寇盜之意深切矣。我國家政教至和，而世運無不變之理。承平日久，治極有複亂之時。自咸豐膺圖受祿，聖道本自昌明，殊號改元，逆賊競同蜂起，次年壬子孟秋初吉，粵匪竄楚，由桂郴直抵幽燕；五年乙卯仲夏既望，洪賊陷郴，暴村莊而負城郭，爰興義師進剿，方幸楚邊，稍妥乃命。歲值九年己未春，南安大股竄入，十年庚申春，旋由廣西竄出，歲月一易，兩番蹂躪，貪不僅貲財，害更甚於吊勒；入室明奸，活命者曾無一二，沿途遍捉絕嗣者不下百千，嗟乎！民生莫聊，我辰安在，顧車已覆，則當鑒事，有志而竟成蚓。今鄰氛未靖，後禍宜防，精強丁壯，將樹幟以立奇；老弱婦孺，究何恃而無恐？維茲萬華岩者，天啟石室，形勝郴陽，磅礡充周，飄渺華蓋，峭立絕壁，天外削成，峰嶂疊懸空穴中；別開洞府，經神禹之疏導，闢仙子之幽居，前連穿江，嶺後越河，上岩左右，旁通周圍，廓達前明。逆亂遺跡俱存。因舊址以繼長，本昔壘以增高，居閒足以足壯觀，遇驚恃為固立，巍乎天險，不可升居，然寇來莫敢上，外蔽甚堅，又何讓夫陽城大室之險？內藏孔固，更奚羨乎方城漢水之雄也哉？方今功成吉峻，命某敘之，某不敢以無文辭，爰掇俚語，以志不忘首斯舉者。

廩生候選訓導黃中理：

萬華岩，郴陽之勝景也！磊落繡錯，形狀如畫，碕砡挺峙，聳翠若山。曩時，清純賢豪，恒從遊覽。今值變亂，士民多恃固藏，但舊址傾頹，慮殘垣之非固，賊寇未靖，虞後禍之複來，爰是同心修整，合志增高，銀錢按丁捐派，數士倡而眾人從，城岸計人，輪築新正，具而三月竣，黃公才雄，首敘顛末一篇，僕也識陋，亦綴俚詞六章。

其一昊天上帝，降此大厲，邦靡有定，士民其瘵。

其二廢為殘賊，暴殄天物，害虐蒸民，以謹罔極。

其三則百斯（原碑缺一字），外禦其辱，與子偕老，入此室處。

太平天國餘響，晉江女英雄死後封神，民眾為之立廟

中國古代尊崇的是儒家禮教，講究君君臣臣父父子子，婦女地位極低。

我們讀《水滸傳》，婦女基本不留名字。

比如梁山泊上的僅有的三位女英雄，顧大嫂、孫三娘、扈三娘，僅僅知道她姓顧、姓孫、姓扈，芳名是啥，到底沒有交待。

其餘的林沖娘子、花榮妹子、王婆、閻婆惜、何九老婆、李鬼老婆、盧俊義老婆也莫不如此。

好歹有個名字的，如李師師、李瑞蘭、白秀英等等，卻也只是妓院老鴇給起的藝名。

還有，第一女主角潘金蓮，並非真姓潘名金蓮。「潘金蓮」其實只是個綽號。《水滸》第二十四回交待說得清清楚楚：「那清河縣裡有一個大戶人家，有個使女，小名喚做潘金蓮。」小名，就是綽號。來源於南北朝齊朝的昏君蕭寶卷。蕭寶卷有個妃子，姓潘，蕭寶卷非常寵愛，為了討她開心，就用金條在宮中地上嵌出蓮花圖案，讓潘妃在上面走。潘妃走在金蓮上走得萌萌噠。從此人稱潘妃為潘金蓮。南齊以後，人們多以「潘金蓮」一名為稱呼放蕩、奢侈的女人。

所以說，潘金蓮的本名不但不叫金蓮，甚至可能不姓潘。

類似的還有《三國演義》中的第一女主角貂蟬，貂蟬也是一個綽號，不是姓名。

今天要講述的女主角，生活在清代，同樣面臨著這種低社會地位的遭遇，不但姓名字都沒留下，很小

的年紀，就賣給了人家做童養媳，受盡婆家的種種非人虐待，最後忍受不起，逃了出來，流落江湖，成就了一番大事業。

這個既可憐又偉大的女子，姓邱，在家裡排行二，人稱邱二娘，原籍晉北河市梧宅鄉，後遷惠安前亭村（今屬泉港區後龍鎮）。

邱二娘的父親名叫邱柳，粗通曆法、醫術，人稱「柳仙」，平日在家耕田務農、閒時打漁，幫人家看風水、治病，還兼上山燒炭。但日子還是過得極艱難，家徒四壁，難以為繼。所以，邱二娘七八歲就被賣到峰尾村當童養媳。

在咸豐初年，富於反抗精神的邱二娘不堪婆家的凌辱，逃了出來，靠自己在娘家學來的刺繡工夫和跟父親學的一點醫術謀生。

那個時候，已經爆發了鴉片戰爭和太平天國運動，清朝政權搖搖欲墜，各種苛捐雜稅，層出不窮，中國大地，沸反盈天。

邱二娘的表哥林杯是個綠林漢子，參加過太平軍，此時回到家鄉聯絡起一干志同道合的江湖朋友結拜兄弟，其中有太平天國烈王林俊、好漢胡熊、雇工張爐、醫生王文岳、小販楊信、秀才陳秋浦等等，祕密在惠安發動武裝起義。

邱二娘知道了表哥聽大志，大為興奮，毅然加入起義隊伍，並成為義軍骨幹。

咸豐三年（一八五三年）四月，林俊在永春率先行動，林杯、邱二娘也在惠北筆架山高明王宮樹起義旗回應，襲擊地主武裝，懲辦貪官汙吏，為民除暴。

星星之火，可以燎原。

晉江、惠安的窮苦百姓歡呼雀躍，紛紛加入到隊伍中來，起義成員一下子擴大到成千上萬人。

在一次戰鬥中，林杯壯烈犧牲了。

邱二娘接過表哥的隊伍，高舉「順天命邱娘娘」旗幟，在官溪、半嶺、驛阪等地反復與清兵較量，成為了義軍的首領。

咸豐四年（一八五四年），邱二娘與林俊隊伍會師，數番大敗清兵，聲威大振，勢力擴張到仙遊、莆田。

清朝福建統治者驚呼：「東起莆田，南至惠安，綿亙百餘里，……盡為賊踞！」

可惜的是，咸豐五年（一八五五年）六月，邱二娘被叛徒出賣，在惠北山區被清兵逮捕。

當時，清統治者懸賞捉拿邱二娘，開出的價碼是一千五百兩白銀。

為了這一千五百兩白銀，起義軍中的陳大、陳橋、陳潮家等幾個敗類就把義軍首領邱二娘出賣了。

邱二娘被捕被押送泉州，受盡嚴刑拷打，全身上下幾無完膚，但她始終堅貞不屈。

這年六月十四日，邱二娘被押往泉州南校場執行凌遲之刑。

行刑者將邱二娘的衣服全部剝掉，牢牢地綁定在凌遲架上，用鋒利的刀子寸寸切割身上的肌膚。

邱二娘忍受著身體的巨痛和精神上的凌辱，一言不發，緊閉雙眼，咬緊牙關。

幾時辰後，邱二娘身上只剩下森森白骨，時年僅二十二歲。

邱二娘犧牲後，惠安、晉江、仙遊等地擁護和愛戴她的民眾，祕密塑像供奉，尊稱她為「仙姑媽」、「游路夫人」。

那椿與太平天國有關的驚世奇案

一八七〇年八月二十一日（同治九年七月二十五日），按照慣例，是一年一度的兩江總督閱視武弁投射的日子。

可是，這天電閃雷鳴，狂風大雨，閱射只好往後推移。第二日，天氣轉晴，閱射正式督署西邊的校場演武廳開展。該閱射為江寧一大盛典，允許百姓參觀，熱鬧非凡。

閱射結束後，兩江總督馬新貽在巡撫、潘司臬司、知府等的陪同下徒步回署。

馬新貽，字谷山，號燕門，別號鐵舫，回族，山東菏澤東北五十里馬海村人，生於道光元年（一八二一年），道光二十七年（一八四七年）中進士，先任安徽建平（今郎溪）縣知縣，再任合肥縣知縣，參與打洪楊、剿撚軍，由縣而府，由府而道，一直做到安徽布政使（俗稱藩台），有「能員」之稱，得到朝廷的賞識，後升浙江巡撫（俗稱撫台），成為一省行政長官。

同治六年（一八六七年），馬新貽升任閩浙總督（俗稱制台、制軍），成為節制浙江、福建兩省軍政的方面大員。

同治七年（一八六八年），馬新貽改任兩江總督，節制安徽、江蘇、江西三省軍政事務，並兼辦理通商事務大臣（虛銜），官居一品。

兩江總督地雖在疆臣之首直隸總督之下，但實權卻在直隸總督之上。蓋因為清廷財源的主要來源主要都來自兩江總督下轄的省份。

馬新貽能坐上實權最大的兩江總督的位置，既有機緣巧合成份，也有他自身的能力不凡成分。

且說閱射結束，馬新貽在巡撫、潘司臬司、知府等的陪同下回署，負責警衛的有督標中軍副將喻吉三和替總督傳令的武巡捕葉化龍及兩三名馬弁。

回署的箭道兩旁擠滿了圍觀的群眾。

馬新貽到了後院門外，突然有人攔道跪倒，口中高呼求助。

此人是馬新貽的同鄉，山東鄆城武生王咸鎮，此前曾經得到過馬新貽兩次慷慨的資助，現在又來了。

馬新貽眉頭皺了皺。

武巡捕葉化龍會意，立刻上前將王咸鎮推開，另一巡捕唐得金上前查問，其他人仍舊跟隨在馬新貽身後繼續前行。

沒走幾步，又有一人攔道跪倒，口中高呼冤枉，一把抱著馬新貽的右腳。

馬新貽的眉頭再皺了皺，葉化龍等人還來不及做出反應，那人已迅速站起，寒光一閃，一柄鋒利的匕首疾若電光火石一般刺入馬新貽右脅肋。

馬新貽啊呀一聲，撲倒在地。

說時遲，那時快，跟隨馬弁方秉仁一把扭住了那人的辮子，奪過他手中的匕首。其他馬弁一擁而上，將之扭住。

按《清代野記》的記載，那兇犯既不掙紮，也不逃走，從容就縛，口中大呼：「刺馬者我也。我願已遂，我決不逃。」

親從、家丁扶起馬新貽，只見他面如土色，神態委頓，身子顫抖，已不能站立。

馬弁即取下門板，將其抬進督署上房。

中軍副將喻吉三一面命巡捕將兇犯押到督署候訊，一邊差人飛報江寧將軍魁玉和司道各員。魁玉聞訊如遭雷擊，飛奔督署探視。

馬新貽面如白紙，氣若遊絲，自知大限已到，口授遺疏，命嗣子馬毓楨代書，請魁玉代呈朝廷。

魁玉回到將軍府，飭委藩司梅啟照、署鹽道凌煥、江寧知府馮柏年、署理上元縣知縣胡裕燕、江寧知縣莫祥芝、候補知府孫雲錦、候補知縣沈啟鵬、陳雲選等訊詰兇犯。

案犯只供稱自己是河南人，名張汶詳。至於行刺動機，「語言顛倒」、「一味閃爍」，難得實情。

魁玉不信邪，又加派臬司賈益謙、候補道勒方、候補知府錢海永、皖南道李榮、江蘇候補道孫衣言、山東候補道袁保慶等輪流審訊，但仍是不得要領。

魁玉只好一面督飭司道各員繼續會審，一面馳奏朝廷。

同治帝覽奏，「實深駭異」，一日之內，連發四道諭旨，要求魁玉督同司道各官趕緊嚴訊，務得確情，盡法懲辦。同時，火速調補曾國藩為兩江總督，密旨安徽巡撫英翰加強長江防務和地方治安。

面對朝廷的嚴令，魁玉不敢怠慢，晝夜審訊，但最後呈報朝廷的結果卻仍是：該兇犯「一味混供」，「支離狡詐」。

這樣的結果，朝廷當然不滿，下諭說：「情節重大，亟應嚴切根究」，告誡魁玉「不得含混奏結」。的確，督臣遇害，疆臣人人自危，其中利害，豈可等閒視之?!

改日，清廷又下諭旨：「張汶詳行刺督臣一案，斷非該犯一人逞忿行兇，必應澈底研鞫，嚴究主使，盡法懲辦。」並加派欽差大臣張之萬馳赴江寧會同魁玉審辦。

魁玉誠惶誠恐，再次奏陳：伏思前督臣馬新貽被刺一案，案情重大，張汶詳刁狡異常，奴才督飭司道晝夜研審。張汶詳自知罪大惡極，必遭極刑，所供各情一味支離。訊其行刺緣由，則堅稱既已拼命做事，甘受碎剮。如果用刑過久，又恐兇犯倉猝致命。

魁玉的奏報上咬定是兇犯張汶祥「語言閃爍」，「一味支離」，到底是張汶詳「閃爍」和「支離」呢，還是你魁玉「閃爍」和「支離」呢？

且看張之萬到江寧後的審訊結果。

張之萬到了江寧後，連日提審張汶詳，最後，呈上朝廷的奏章是：「該犯張汶詳自知身罹重解，凶狡異常，連訊連日，堅不吐實，刑訊則甘求速死，熬審則無一言。既其子女羅跪於前，受刑於側，亦複閉目不視，且時複有矯強不遜之詞，任意污蔑之語，尤堪令人髮指。臣又添派道府大員，並遴選長於聽斷之牧令，晝夜熬審，務期究出真情，以成信讞。」

案子從魁玉到張之萬，已經審訊了四個多月了，得出的結果仍是「凶狡異常」、「堅不吐實」，朝中的君臣都坐不住了。

十二月九日同治帝下諭旨嚴加訓斥，說：「現已五旬之久，尚未據將審出實情具奏，此案關係重大，豈可日久稽延！」

張之萬、魁玉遂成為眾矢之的，遭到了朝野的抨擊。

給事中劉秉厚就奏劾說：「派審之員以數月之久，尚無端緒，遂藉該犯遊供，含混擬結。」

不得已，張之萬、魁玉只好於十二月十二日呈上了一份飽經推敲錘鍊的「審明謀殺制使匪犯，情節較重，請比照大逆向擬，並將在案人犯分別定擬罪名摺，」奏道：「兇犯張汶詳曾從發撚，復通海盜，因馬新貽前在浙撫任內，剿辦南田海盜，戮伊夥黨甚多。又因伊妻羅氏為吳炳燮誘逃，曾於馬新貽閱邊至寧波時，攔輿呈控，未准審理，該犯心懷忿恨。適在逃海盜龍啟等復指使張汶詳為同夥報仇，即為自己恨，張汶詳被激允許。該犯旋至新市鎮私開小押，適當馬新貽出示禁止之時，遂本利俱虧。迫念前仇，殺機愈決。同治七、八等年，屢至杭州、江寧，欲乘機行刺，未能下手。本年七月二十六日，隨從混進督署，突出行兇，再三質訊，矢口不移其供，無另有主使各情，尚屬可信。」

看看，前面說兇犯張汶詳參加過太平軍和撚軍，又加入海盜，和馬新貽有仇，刺殺馬新貽純屬仇殺，但結尾卻別出心裁地加了個點睛之筆——「尚屬可信」。

看來，案子裡面還是有內幕，這內幕居然讓他們遮遮掩掩，欲說還休，什麼意思？

朝廷一面下旨切責張之萬、魁玉辦事不力，案情「不實不盡」，一面加派刑部尚書鄭敦謹作為欽差大臣攜隨員赴江寧複審，同時諭令曾國藩速回江寧。

咦？早在馬新貽遇刺的八月二十五日，朝廷就諭令調補曾國藩為兩江總督了，他怎麼還遲遲不肯動身？

事實上，在八月三〇日，曾國藩就接到調他再任兩江總督的上諭了，他的表現是：上呈「謝調任江督恩因病請開缺折」，固辭兩江總督。

這是怎麼回事？

曾國藩在處理天津教案中，兩面不討好，外國人嫌他懲處不力，國人罵他「殘民媚外」，人生正跌落在一個低谷中，回任兩江，正是複起振作的大好時機，他怎麼不感興趣？

相關史料表明，八月二十三日，馬新貽被刺事件傳入直隸督署曾國藩耳中時，曾國藩午睡，「心不能靜」。

馬新貽被刺，似乎和曾國藩有某種聯繫。

朝廷駁回了曾國藩的請辭，說他「老成宿望」，是江寧的安寧所賴，務必動身赴任。

一二月二〇日，慈禧太后還親自在養心殿東間召見曾國藩，敦促他速赴江寧。

可是曾國藩就像一塊香口膠，粘在北京，就是不動身。

慈禧太后不得不在十一月一日再次召見他，催：「爾幾時起程赴江南？」

曾國藩再也推託不開，只好在十一月七日動身南下。

可是，路上磨磨蹭蹭，一直到十二月十二日才到達江寧。

仔細算起來，從清廷調他任兩江總督到正式上任，歷時三個多月，而他從北京到江寧，也用了長長三十六天，這速度，嘖嘖，龜速。

看見曾國藩來了，張之萬如獲大赦，匆匆交接了案件，一道煙溜往清江浦任江蘇巡撫去了。

曾國藩來是來了，卻不理會案件，每天除了和來訪客人聊天，就是翻閱紀大煙袋的《閱微草堂筆記》。

這個曾國藩，葫蘆裡面到底在賣什麼藥呢？

他在等專案負責人員欽差大臣鄭敦謹。

鄭敦謹於一八七一年一月七日入宮請訓，二月十八日才抵江寧。

二月十八日是大年除夕，全城包餃子，吃團圓飯，當然，牢中的張汶祥例外。

會審從正月初二正式開始，連訊十四天，仍是一無所獲。

參加會審人員有：欽差大臣鄭敦謹和他的隨員伊勒通阿、顏士璋；曾國藩和他委派的江安糧道王大經、江蘇題補道洪汝奎；後來又增加候補道孫衣言、袁保慶。

鄭敦謹向以能審、會審著稱，但才接觸到這個案子，就知道裡面水太深，不能亂來，搞不好，自己怎麼死的都不知道。

審了十四天，都不知道該如何了結，只好請教曾國藩。

這十四天時間裡，曾國藩一直與鄭敦謹並坐正堂，但幾乎沒說什麼話。現在，聽鄭敦謹求教，不緊不慢地說：「仍照魁、張二公原奏之法奏結。」

真是一語道破天機！

行了，就這麼辦。

三月十九日，鄭敦謹、曾國藩聯銜上奏：「會同複審兇犯行刺緣由，請仍照原擬罪名及案內人犯按例分別定擬。」

鄭敦謹、曾國藩還特別強調張汶詳「聽受海盜指使並挾私怨行刺」，「實無另有主使及知情同謀之人」，要求「按謀反大逆律問擬，擬以凌遲處死」外，還要「摘心致祭」。

這前前後後忙碌了五個多月，結果也只能是這個結果了。三月二十六日，朝廷下諭旨通過了鄭、曾的奏結。

四月四日，曾國藩奉旨監斬，將張汶詳凌遲處死，並摘心致祭。

候補道孫衣言參與了會審，知道這個判處對馬新貽並不公平，在寫給馬新貽的神道碑銘中秉筆直書：「賊悍且狡，非酷刑不能得實，而叛逆遺孽，刺殺我大臣，非律所有，宜以經斷，用重典，使天下有所畏懼。而獄已具且結，衣言遂不書諾。嗚呼！衣言之所以奮其愚戇為公力爭，亦豈獨為公一人也哉！」

孫衣言屬於馬新貽的親信，和鄭敦謹的隨員顏士璋有深交，從顏士璋的嘴裡知道了一些內幕。他這麼一弄，天下震驚，都知道案子中另有重大隱情。

鄭敦謹也於心不安，不等聖旨下達，甚至沒等張汶詳正法，就默然離開了江寧。曾國藩送他程議，他分文不收，以有病為托詞，終生不再為官。

事情為什麼這麼離奇？這麼蹊蹺？

「刺馬」的真正內幕是什麼？

民間大致有以下幾種說法：一、幕後指使者是慈禧，所以此案無法深究。二、馬新貽通「回匪」，為張汶祥激於民族大義所殺。三、馬新貽審理江蘇巡撫丁日昌之子丁惠衡傷人命案，從而招致殺身之禍。四、馬新貽曾在浙江嚴剿海盜，海盜分子之一張汶祥為報仇而「刺馬」。五、馬新貽「漁色負友」，張汶祥為友復仇而刺馬。六、馬新貽觸犯湘軍集團利益，被湘軍集團祕密會幫謀殺。

真相只有一種，到底是哪一種？

顏士璋寫有一本《南行日記》，記述了南行審案的全部過程。多年以後，他的曾孫顏牧皐說，日記中寫道：「刺馬案與湘軍有關。」「刺馬案背後有大人物主使。」

忠王李秀成有向曾國藩乞降嗎？李秀成之子親口揭密

一八五六年，太平天國高層發生了內訌，楊秀清、韋昌輝、秦日綱等太平天國的主要領導被殺，不久，石達開出走，太平天國遂由極盛轉向極衰。

在這種背景下，頭角崢嶸的李秀成於一八五八年被提拔成為了忠王，成為了太平天國後期最傑出的首領。

一八六四年，清軍攻陷天京，李秀成被捕入獄。

在獄中，李秀成寫下了幾萬字自述。自述裡，有左一句「老中堂」，右一句「九帥」之語，充斥著「感恩」、「戴德」的字眼，並且說了許多自汙自辱的話，又煞費苦心地獻上所謂的「招齊章程」。

由此，很多人認為李秀成已在獄中變節。

但也有人說李秀成並未變節，而是「襲蜀漢姜維故智」，偽降曾國藩以圖復興太平天國。

一百多年來，關於李秀成變節與否，爭論不息，誰也說服不了誰。

一九三九年，李秀成的兒子李學富曾將答案披露於世。

根據現存史料來查，李秀成有兒子叫李容發（也有史料記李容發只是李秀成的養子），其在江西被捕後，由湖南巡撫陳寶箴收養。陳寶箴是個好人，曾將一個婢女許配給了李容發，但李容發命薄，不久抑鬱而死。

李秀成的另一個兒子叫李其祥，李其祥被捕時年紀尚幼，沈葆楨在奏章中說：「監禁，俟歲滿後按例處置」，按例處置是指犯造反大罪的罪犯的兒子只要年滿十二歲即施行閹割，發配給功臣為奴。可見李其祥的命運很悲慘。

李學富之名，史不見載。但一九三九年冬，時任國民黨「江蘇省民政廳長、徐海行署主任」的王公璵在灌雲、漣水、沭陽交界處的六塘河一帶與日寇「遊擊」，夜宿農家，在與主人在閒聊中說起「洪楊舊事」，主人即提到了李學富其人，並派人用獨輪車將之接來，圍爐夜話。

李學富時年已八十四歲，海州碩項湖灘人，民間獸醫，自稱為李秀成的鎮江籍小妾所生，在忠王府裡生活到九歲，親見過洪秀全以及他的兒子幼天王洪福（其實，太平天國幼天王名為洪天福貴）。

面對王公璵這樣一大幫陌生人，李學富毫無拘束之感，侃侃而談。

李學富說，南京城破根本就是曾國荃與李秀成的共謀和默契，即：「九帥（曾國荃）全其功；忠王全其忠。」

怎麼說呢？當時，曾國荃久攻南京不下，朝廷準備派李鴻章協攻。曾氏兄弟當然不願意有人攘功，情急之下，曾國荃乘李秀成的妻舅宋永祺入曾氏大營探聽軍情之際，要宋轉告忠王：只要讓出南京，什麼條件，皆可商量。忠王反復權衡、審時度勢，認為南京城破，只是時間問題。而城內嚴重缺糧，一昧堅守，軍民必然遭殃。於是，提出兩點要求：一是清軍入城不得燒殺、傷害百姓；二是容幼主洪福（應為洪天福貴）出城，不得追趕。

在爐火光照的閃耀下，李學富一臉神祕地對王公璵等人說，為掩蓋實情，南京城是清軍入城後補轟的。李秀成先安排家將帶著自己（即李學富）潛逃出城，徑去海州家鄉碩項湖灘藏伏，李秀成帶著洪福

（應為洪天福貴）衝出城牆缺口。李秀成後來看到入城的清軍背信而無惡不作，後悔不迭。此刻，洪福（應為洪天福貴）已被衝散不知下落……絕望之下，李秀成想在一間破廟裡自殺，被鄉民發現阻止，終因陶大蘭告密，被清軍肖孚泗部俘獲。

李秀成被俘，出乎曾氏兄弟意外，打亂了原來的默契和計畫。只好一面上奏朝廷，揚言要嚴刑拷問，「檻送京師」；一面囑李秀成不要在供狀上寫明自己是淮河下游的海州人，只寫參加起義時寄居的廣西藤縣，為日後安排李秀成逃往海州家鄉作掩護。

曾國荃為了進一步造輿論以瞞人耳目，審訊時，「置刀錐刑具於忠王前」，聲稱要「凌遲處死」李秀成。

經過曾氏兄弟的密商，又上奏朝廷，謊稱李秀成的「黨羽尚堅」，「民心未去」，押送不安全，要將李秀成於同治三年七月初六日「就地正法」。實際上，李秀成已被曾氏兄弟偷天換日，密送到地處海州碩項湖灘的鐵牛鎮上，與先行逃出的李學富一起，在家鄉隱居起來了。

李學富說，李秀成之所以要求回海州原籍，是因為李幼年入哥老會的青幫，在海州的輩分很高，備受擁戴。

李學富又補充說，碩項湖灘經常被氾濫的黃河水淹，沒什麼收成，所以李秀成才會去關外販馬和皮貨，也因此寄居廣西，參加了金田村太平天國起義。

王公璵後來將李學富的講述內容寫成《李秀成伏誅之謎揭秘》一文，但種種原因，一直未能付梓。

《李秀成伏誅之謎揭秘》的正式發表時間是一九七七年。此文面世，則李秀成有否向曾國藩乞降之事，可說是已經真相大白。

楊秀清全家在天京事變被殺盡，為何有人自稱楊秀清後裔？

話說，天王洪秀全恨東王楊秀清借「天父下凡」神靈附體為名屢屢越職代權，暗中策劃了天京之變，指使韋昌輝、秦日綱等人血洗東王府，在東王上上下下、老少婦孺殺了個雞犬不留。

楊秀清一死，太平天國猶如倒塌了一根擎天大柱，搖搖欲墜，幾至崩潰。

所幸有李秀成、陳玉成等一批新生代力量迅速崛起，撐住了危局，使天國在瀕臨滅亡的緊要關頭起死回生。

正因為如此，洪秀全開始懷念起楊秀清的種種好處來，帶著幾分傷感、些許惆悵地對李秀成說：「當年非有東王我等不至有今日富貴。」

於是，洪秀全開始大張旗鼓地給楊秀清平反。

洪秀全頒佈詔書，稱「期至朝觀遭陷害，爺爺聖旨總成行」，摘掉楊秀清的「東孽」帽子，令人矚目地宣佈，楊秀清是上帝的第三子、自己和耶穌同父同母的親弟弟。

洪秀全還把楊秀清第一次托言「天父下凡」的日子定為「爺降節」，並把楊秀清掉腦袋的日子定為「東王升天節」，給楊秀清追贈了長達三十七個字的真神真王頭銜。

考慮到楊秀清滿門被斬，已經沒有了兒子，洪秀全又非常慷慨大方地把自己的兒子洪天佑過繼給楊秀清為子，稱「天佑子侄」——半是兒子、半是侄子，作為「東王繼承人」。

洪秀全萬萬沒有想到的是，其實，楊秀清的兒子並沒有被殺盡。

楊秀清是一個極度好色的人物，史料上有他因「縱欲過度」導致眼疾復發、一目發明的記載，而韋昌輝突襲東王府時，《金陵續紀》也明確記載有韋昌輝殺害的東王家眷包括東王父子、家丁二十七口、「偽王娘五十四口」、「擄禁服侍被奸有孕」的侍女數十人。這種情形下，哪能保證沒有漏網之魚？

由於從清朝到民國的很長一段時期內，楊秀清在史家的筆下就是一惡徒形象，所以楊秀清後裔一直不願公開這段家史。

歷史給太平天國運動作出了公正的評價後，一九九八年四月，新華社、人民日報等報刊相繼發佈了一份複印美國《紐約時報》漢文版刊登過的大幅免費廣告《太平天國東王楊秀清後裔尋找宗族親人啟事》，啟事的署名為楊秀清曾孫屠天恩、楊穎（屠麗美）等八人。

原來，在「天京事變」中，楊秀清出生不久起名「丙照」的兒子，被楊秀清的族妹、東殿女官楊水嬌救出帶到杭州，交由與太平天國有關係的杭州「評話社」主王春喬，後轉托一對屠姓夫婦收養，並改名為「屠丙昭」。

一八六四年，太平天國失敗時，屠丙昭八歲。楊水嬌化名「俞氏」，找到王春喬，並成了王的繼室夫人，後又將所生女兒許配給侄兒丙昭。由此傳宗接代，現已延續到第六代，健在於世的有五十餘人。

屠丙昭於一九〇四年去世，楊水嬌則於一九一九年去世。兩位老人都把自己的身世告訴了子孫。

於是楊秀清的獨孫屠孝根即在履歷表格中注明「本姓楊」，一九二九年他還為自己的一個兒子複姓楊，五〇年代又為一個女兒恢復了楊姓。

據現居杭州的楊裔第四代孫楊穎、屠亞美二姐妹說：「我們從小就聽老輩人言傳，我們的祖先是廣西燒炭佬，曾祖父在太平天國當王，一八五六年全家被殺，只逃出一個初生的嬰兒，就是我們的爺爺。爺爺當時盛置在一隻大腰籃內，深秋棄置在杭州石牌樓，繈褓內帶有生辰、名字和一個首飾帶，丙是生年，昭是為父昭雪的意思。由屠德林收起，撫養成人改姓屠，墓碑為屠丙照，家譜記載咸豐六年生，光緒二十九年，去世時四十九歲。」

有人對楊秀清後裔的說法感到奇怪，認為杭州曾兩次被太平天軍佔領，而洪秀全又已經給楊秀清平反，那麼，王春喬當時為什麼不帶屠丙昭回天京做真正的「東王繼承人」？

其實，這正是王春喬和楊水嬌等人的聰明之處，洪秀全雖然表面是給楊秀清平反了，但斬草要除根，他是肯定不會容忍楊秀清還有後人活在這個世上的，屠丙昭不露面還有命活，一露面肯定是要吃「板面刀」的。

洪秀全沒有後人，但「太平天國研討會」召開，直系子孫卻出席？

一九九七年五月二十五日，廣西太平天國史研究會、廣東太平天國史研究會、廣西社會科學界聯合會、文本社會科學院、廣東社會科學院、廣西蒙山縣人民政府等多家單位聯合發起了一個名為「太平天國與愛國主義國際學術研討會」。出席會議的，主要是來自全國各地的太平天國研究專家、學者外，還有來自德國、韓國的著名專家學者。

此外，還有一位來頭非同小可的特邀嘉賓。

該特邀嘉賓的身分為安徽高級人民法院審判委員會委員、告申庭庭長，他的身分證上的名字為：程東讓。

不過，說他來頭非同小可，可不是他的庭長身分。

而是他本人是太平天國洪天王的直系子孫！

也就是說，程東讓的「程」，並非本姓；程東讓的本姓應該姓「洪」，本名應該叫「洪東讓」！

這可了不得！

想想看，「太平天國與愛國主義國際學術研討會」的會議主旨是研究太平天國與愛國主義以及國際學術交流的相關內容，天王洪秀全可是太平天國運動的第一男主角，作為第一男主角的直系子孫，參加這個會議真是太有必要了！

可是，根據什麼來證明程東讓就是太平天國洪天王的直系子孫呢？

根據幾代人口耳相傳的遺言。

程東讓說，他的父親是一九九三年去世的，享年九十二歲。父親臨終前，鄭重其事地說明瞭家世的祕密：

> 一八六四年，清軍攻陷太平天國都城天京，城內一片混亂。洪秀全的一個王妃攜帶著自己的兒子趁亂逃出天京。這個男孩是洪秀全最小的兒子，乳名來喜。母子倆輾轉流落到了安徽定遠，在一地主家做傭人。地主看王妃長得漂亮，居心不良，想害死來喜，然後獨霸王妃。王妃心思縝密，一看不對路，帶著兒子連夜逃命。在一個叫程家灣的地方，一對善良的老夫婦收留了他們。老婦人看王妃還年輕，生活又沒有著落，便將她介紹給村裡的一個名叫程風采的鰥夫。程風采的三哥程風玉則將來喜過繼為子，取名程文起。程文起長大成人，共生有五個兒子、兩個女兒。孩子都很成器。王妃在七十多歲時，大病不起，特地將程文起及其五個兒子召集到床前，述說了天京往事，並囑咐他們嚴守祕密，以防招來殺身之禍。王妃去世後，程文起及五個兒子都恪守王妃遺囑，從不向外人提及自己家世。程文起病逝於一九二四年，時年六十八歲。程文起的五個兒子都很長壽，平均年齡九〇歲。其中最小的兒子就是程東讓的父親。

程東讓說，一九九三年，父親去世後不久，他覺得，雖說清朝那會，祖上洪秀全被統治者口口聲聲稱為「逆賊」、「反賊」、「妖」，但現在已經是新時代、新社會，歷史也已經給祖上洪秀全重新作了評價，證明祖上是推動了社會進步的大英雄，實在沒有必要再把自己家的家世藏著掖著，於是考慮歸宗認祖，並在適當時候恢復洪姓。

這之後，一九九四年，程東讓大大方方地聯繫上廣東梅縣石坑鎮洪姓宗親，就回鄉祭祖之事與他們進行了全面磋商。

一九九六年，程東讓夙願得償，在廣東梅縣石坑鎮洪姓宗親的陪同下，回到了洪秀全祖居地九郎公祠梅魁地祭祖。

程東讓回鄉祭祖的消息經媒體報導，迅速引起各方關注。

程東讓也因此成了知名人士，從而躬逢其盛，得以參加了廣西蒙山一九九七年舉辦的「太平天國與愛國主義國際學術研討會」。

對於程東讓家幾代人口耳相傳的家世祕密，專家和學者是認可的。

從現有史料可查，洪秀全共育有五個兒子，除次子早夭外，明確知道最後結局的僅有被清廷俘獲後殺害的長子洪天貴福。

洪秀全三子天光、四子天明、五子天佑在天京城破時被困城中，凶多吉少，活下來的機會很少。

程東讓故事裡的程文起（來喜）逝於一九二四年，根據他的年齡六十八歲往前推算，應該生於一八五七年前後。而洪秀全的三子天光、四子天明在天京城破時均為十一歲，大約在一八五四年前後出生，所以，能對上號的就是幼子洪天佑。

不過，天京事變後，洪秀全有點後悔殺死了楊秀清，積極給楊秀清「平反」，可憐楊秀清無後，於一八六一年把洪天佑過繼給楊秀清，稱為「子侄」——半個兒子、半個侄子，封為幼東王，建有正九重天廷，即幼東王府。

而在洪天貴福被俘後所作親筆供詞中，有提到天光、天明兩個弟弟和自己同住在天朝宮殿中，沒有提到幼弟洪天佑。可見洪天佑並未居住天朝宮殿，而是住在自己的幼東王府內。

這幼東王府在今建康路淮清橋原清江寧織造署舊址，距離天朝宮殿有五六里遠。

有人認為，天京破城時，城內兵荒馬亂，一個深居內宮的王妃要跑到五里開外的東王府，找到自己的兒子，並攜之出城，有點難以想像。

但不管怎樣，程東讓能出席這次會議，說明絕大部分專家學者是認可他的洪秀全直系子孫身分的。

這也使得程東讓從廣西蒙山回來之後，倍感恢復洪姓之事不容再緩。

他與眾堂兄弟子侄討論，一致決定在一九九七年七月一日香港回歸這個大喜日子裡恢復洪姓。

從一九九七年七月一日起，程東讓身分證上的名字也成功地改為了「洪東讓」。

如今，洪東讓這一部分洪秀全後裔主要生活在安徽淮南市郊區段灣鄉安台村，共有二百餘人。

威震一時的悍將韋俊，卻遭鄉親父老唾棄

太平天國運動是中國古代歷史上最大規模的農民起義，也是世界歷史上規模空前的一次農民戰爭，時間長達十四年，勢力發展到十八個省，戰事波及半個中國。

而當太平天國覆滅，風雲散去，同治四年（一八六五年）秋，有人在桂平金田興建了一座昌輝祠，為的是紀念太平天國首義五王的北王韋昌輝。

韋昌輝祖籍原為廣東南海縣，祖上於明末清初遷廣西，定居於桂平金田村，家資富有，但「人少無功名，有錢無勢」，常受當地大戶的欺侮與訛索，當洪秀全、馮雲山到金田傳教並發動起義，他盡獻家財，率全家參加了團營，影響巨大，一度誤導清朝官府把他當成「逆首」，在眾多奏摺和上諭中把他的地位置於洪秀全之上。

可以說，太平天國能有日後的規模，韋昌輝首義之功不可沒。

但太平天國由盛轉衰，韋昌輝的殺戮罪孽也難以推脫。

在一八五六年的天京事變中，韋昌輝突襲東王府，展開了長達兩個月的大屠殺，前後共計殺戮了兩萬餘人，天京的高、中級骨幹力量被屠戮殆盡，太平天國因此陷入了困境。

韋昌輝，就是這樣一個充滿爭議性的人物，卻得到了家鄉父老的一致稱讚：好漢子！不枉人世走一趟！

昌輝祠建起，香火很盛。

實際上，建這昌輝祠的人，正是韋昌輝的弟弟韋俊（又名韋志俊）。韋昌輝盡獻家財贊助起義，全家老少都參加了團營，弟弟韋俊也是一個狠角色，在對清鬥爭中敢殺敢拼。太平天國定都後，韋俊先後跟隨秦日綱，石達開西征。參加過武昌、岳州、田家鎮等戰役。其最輝煌的戰績是守武昌時，抗擊胡林翼、羅澤南部清軍水陸師長達年餘的進攻，並在漢陽奓山大敗胡林翼部、在武昌大東門外擊斃羅澤南，迫得清軍不敢再對武昌用兵，改用長圍久困之策。

一八五六年九月，韋志俊獨守武昌，糧道被斷，只能靜待翼王來援，突然天京事變爆發，回援遂止。彈盡糧絕，資訊不通，將士饑疲，韋志俊仍率部堅守，但心情之痛難以想像。一則，其有自身喪親之痛，二則，身上又背負起被哥哥枉殺兩萬餘人家屬的仇恨。

是年十二月，嗅覺敏銳的清將官文、胡林翼大行誘降之能事，「射書入武昌、漢陽城，勸賊歸降」，均遭嚴辭拒絕。

官文無可奈何，奏告朝廷，說韋俊「終無悔心」、「甘心死拒」。

可是，天王洪秀全坐視武昌糧絕不援，在武昌丟失後要治韋俊失城之責，韋俊齒冷心寒，長籲短歎。

隨後，東王楊秀清的族弟楊輔清又來尋釁復仇，百般無奈的韋俊只好渡江去投李秀成。

偏偏，陳玉成正與李秀成爭勢，封江阻攔。

最終，韋俊只有降清一途。

投靠清廷後的韋俊得到了格外的優待，不僅得賞賜許多金銀珠寶和美女，還被任命為參將，駐守安徽蕪湖地區，榮華富貴，地位崇高。

也因為這一降，韋俊躲過了太平天國覆滅後的殺戮，成了太平天國中高級將領中的唯一倖存者。

一八六五年，韋俊回鄉修昌輝祠的同時，也擬斥鉅資修建螞蝗橋蔡江義渡，卻為鄉民所拒。韋志俊在家排行十二，因為降清，家鄉裡的人都罵他是「反骨韋十二」。

一八八四年五月八日韋俊卒後，也因此不能葉落歸根，安葬於安徽宣城縣孫家埠鄉汪村。

一九一四年，金田鄉民集資修螞蝗石橋，還刻碑唾罵韋俊：「金田韋某降清歸里，頗以金錢施舟梁悅人，購運徑尺餘柳杉，將易梁，里人拒弗受。」

血歷史103　PC0704

新銳文創
INDEPENDENT & UNIQUE

醒醒吧！太平天國根本不太平

作　　者	覃仕勇
責任編輯	杜國維
圖文排版	莊皓云
封面設計	葉力安

出版策劃	新銳文創
發 行 人	宋政坤
法律顧問	毛國樑　律師
製作發行	秀威資訊科技股份有限公司 114 台北市內湖區瑞光路76巷65號1樓 電話：+886-2-2796-3638　傳真：+886-2-2796-1377 服務信箱：service@showwe.com.tw http://www.showwe.com.tw
郵政劃撥	19563868　戶名：秀威資訊科技股份有限公司
展售門市	國家書店【松江門市】 104 台北市中山區松江路209號1樓 電話：+886-2-2518-0207　傳真：+886-2-2518-0778
網路訂購	秀威網路書店：http://store.showwe.tw 國家網路書店：http://www.govbooks.com.tw

出版日期	2018年1月　BOD一版
定　　價	260元

國家圖書館出版品預行編目

醒醒吧!太平天國根本不太平 / 覃仕勇著. -- 一版.
-- 臺北市 : 新銳文創, 2018.01
面 ;　公分. -- (血歷史 ; 103)
BOD版
ISBN 978-986-95907-1-6(平裝)

1. 太平天國

627.74　　106024123

讀者回函卡

感謝您購買本書，為提升服務品質，請填妥以下資料，將讀者回函卡直接寄回或傳真本公司，收到您的寶貴意見後，我們會收藏記錄及檢討，謝謝！如您需要了解本公司最新出版書目、購書優惠或企劃活動，歡迎您上網查詢或下載相關資料：http:// www.showwe.com.tw

您購買的書名：______________________________

出生日期：________年________月________日

學歷：□高中（含）以下　□大專　□研究所（含）以上

職業：□製造業　□金融業　□資訊業　□軍警　□傳播業　□自由業

□服務業　□公務員　□教職　□學生　□家管　□其它_____

購書地點：□網路書店　□實體書店　□書展　□郵購　□贈閱　□其他

您從何得知本書的消息？

□網路書店　□實體書店　□網路搜尋　□電子報　□書訊　□雜誌

□傳播媒體　□親友推薦　□網站推薦　□部落格　□其他__________

您對本書的評價：（請填代號　1.非常滿意　2.滿意　3.尚可　4.再改進）

封面設計____　版面編排____　內容____　文／譯筆____　價格____

讀完書後您覺得：

□很有收穫　□有收穫　□收穫不多　□沒收穫

對我們的建議：______________________________

____

____

____

請貼
郵票

11466
台北市內湖區瑞光路 76 巷 65 號 1 樓
秀威資訊科技股份有限公司 收
BOD 數位出版事業部

（請沿線對折寄回，謝謝！）

姓　名：＿＿＿＿＿＿＿＿　年齡：＿＿＿＿　性別：□女　□男

郵遞區號：□□□□□

地　址：＿＿＿＿＿＿＿＿＿＿＿＿＿＿＿＿

聯絡電話：(日)＿＿＿＿＿＿＿＿＿＿(夜)＿＿＿＿＿＿＿＿＿＿

E-mail：＿＿＿＿＿＿＿＿＿＿＿＿＿＿＿＿